W0318123

Inhaltsverzeichnis

Lerneinheit 1: Erzählen

Autor: Peter Mende

A Vorwissen und Voreinstellungen aktivieren

B Neue Kenntnisse und Verfahrensweisen erarbeiten

Herausgeberin und Herausgeber

Herta **Heindl** unterrichtet an einer integrierten Gesamtschule die Fächer Deutsch und Gesellschaftslehre. Sie ist als Trainerin für das Projekt „Pädagogische Schulentwicklung" des Lehrerfortbildungsinstituts der ev. Kirche in Landau/Pfalz tätig.

Markus **Kuhnigk** ist Lehrer für Deutsch und Katholische Religion an einem hessischen Gymnasium. Er ist am Studienseminar Gießen als Ausbildungsbeauftragter tätig und arbeitet in der Lehrerfortbildung.

Autor

Peter **Mende** ist ausgebildeter Haupt- und Realschullehrer und Fachberater für Unterrichtsqualität in der Landesschulbehörde in Niedersachsen. Zudem ist er Trainer zur systematischen Verbesserung der Unterrichtsqualität und bildet neue Trainer in diesem Bereich aus.

Hinweis zum Zeitansatz

Eine Lernspirale ist für 90 (45) Minuten konzipiert, bisweilen auch für mehrere Unterrichtsstunden. In der Regel wird nicht die volle Unterrichtszeit verplant, sondern pro Lernspirale ein Zeitpuffer von 5 bis 10 Minuten einkalkuliert (um aufzuräumen, organisatorische Alltagsgeschäfte zu erledigen oder Schülern ein Feedback zu geben).

Je nach Größe und Leistungsstärke der Lerngruppe muss der Zeitansatz, der im Stundenraster für jede Unterrichtsphase ausgewiesen ist, entsprechend angepasst werden.

Lerneinheit 2: Satzglieder

Autor: Peter Mende

C Komplexere Anwendungs- und Transferaufgaben

Abkürzungen und Siglen

LS = Lernspirale
LV = Lehrervortrag
EA = Einzelarbeit
PA = Partnerarbeit
GA = Gruppenarbeit
PL = Plenum
HA = Hausarbeit/Hausaufgabe
M = Material
A = Aufgabe
L = Lehrerin oder Lehrer
S = Schülerinnen und Schüler

In den Erläuterungen zur Lernspirale wird für Lehrerinnen und Lehrer bzw. für Schülerinnen und Schüler ausschließlich die männliche Form verwendet. Dabei ist die weibliche Form stets mitgemeint.

Beispiel zum Aufbau der Lernspiralen

LS 01.M2 – Verweis auf die Lernspirale und das Material

A3 – Verweis auf die Aufgabe in der Kopiervorlage

		Zeit	Lernaktivitäten	Material	Kompetenzen
1	EA	10′	S füllen einen Steckbrief aus.	M1.A1	– Stichpunkte machen – Fragen in vollständigen Sätzen beantworten – Aussagen über die eigene Person formulieren
2	PL/PA	5′	S führen beim Spiel *music stop* Kennenlerndialoge und benutzen dabei zunächst Fragekärtchen als Hilfestellung.	M1.A2, M2	
3	PL/PA	5′	S setzen das Spiel ohne Fragekärtchen fort.		
4	EA	5′	S bereiten einen Kurzvortrag über sich vor.	M1.A3	
5	GA	15′	Simultanpräsentation: S stellen sich in Gruppen vor.		
6	PL	5′	Zwei S stellen sich vor der Klasse vor.		

Arbeitsschritte – Unterschiedliche Sozialformen – Hinweise zum Zeitbedarf – Vielfältige Lernaktivitäten und Methodenanwendungen der Schüler – Verweis auf das Material und die Aufgaben in den Kopiervorlagen – Kompetenzen, die die Schüler erwerben können

Erzählideen auf einem Placemat sammeln

		Zeit	Lernaktivitäten	Material	Kompetenzen
1	EA	5′	S betrachten das Bild und sammeln erste Erzählideen im Kopf.	M1.A1	– Techniken und Formen der gemeinsamen Ideenfindung (Placemat Activity) kennen – kooperativ arbeiten – grundlegende Merkmale und Wirkungsweisen des mündlichen Erzählens berücksichtigen – auf Sach- und Situationsbezug achten – eigene Gedanken strukturiert äußern und begründen – artikuliert und verständlich reden – aufmerksam zuhören – Stichwörter aufschreiben
2	GA	15′	Jeder S schreibt mindestens drei Erzählideen zu dem Bild in seine Ecke des Placemats. Anschließend liest jeder die Einfälle der anderen. Nach Diskussion und Abstimmung übertragen sie die fünf erzählenswertesten Ideen in den mittleren Kasten.	M1.A2, M2	
3	GA	20′	S entscheiden sich für die beste der fünf Ideen. Sie erfinden eine Geschichte, die sie in Abschnitte einteilen. Jedem Gruppenmitglied wird ein Abschnitt zugeteilt. Anschließend üben sie den gemeinsamen mündlichen Vortrag der Geschichte.	M1.A3	
4	PL	30′	S tragen ihre Geschichten vor. L und S machen Verbesserungsvorschläge und geben erste Tipps zum Thema Erzählen.		
5	EA	10′	S schreiben die Geschichte ihrer Gruppe auf und beachten dabei die Verbesserungsvorschläge aus dem Plenum.	M1.A4	

Erläuterungen zur Lernspirale

✓ **Merkposten**
- M2 in Gruppenstärke auf DIN-A3 kopieren oder auf größere Plakatbögen zeichnen.
- Losgegenstände
- farbige Filzstifte

Ziel der Doppelstunde ist es, dass die Schüler durch kooperatives Arbeiten eine möglichst originelle und gut verwertbare Erzählidee zu einem Bild finden. Daraus sollen sie eine erste Erzählung entwickeln und diese anschließend gemeinsam vortragen. Schüler mit weniger ausgeprägten kreativen Fähigkeiten werden dabei in ihrem Prozess der Ideenfindung unterstützt. Alle Schüler erhalten die Gelegenheit, ihre eigenen Ideen und die ihrer Mitschüler in Bezug auf ihre Verwertbarkeit für eine Erzählung zu überprüfen.
Methodisch arbeiten sie dabei in einer Placemat Activity, eine Form der Gruppenarbeit, die Bestandteil des kooperativen Lernens ist.
Sollte keine Doppelstunde zur Verfügung stehen, kann nach dem dritten Arbeitsschritt eine Zäsur erfolgen.

Zum Ablauf im Einzelnen:
Im **1. Arbeitsschritt** erhalten die Schüler Gelegenheit, zunächst allein einige Erzählideen auf der Basis des Bildes zu entwickeln. Diese werden noch nicht notiert. Das Vorgehen dient lediglich dazu, die Fantasie der Schüler anzuregen und sie auf die folgende Gruppenarbeit vorzubereiten.
Die Placemat Activity des **2. Arbeitsschritts** führen die Schüler nach einer festgelegten Vorgehensweise durch. Die Kopiervorlage (M2) muss dazu mindestens auf das Format DIN-A3 vergrößert und in die Mitte der Gruppentische gelegt werden. Denkbar ist es jedoch auch, das Placemat auf größere Plakatbögen (z. B. DIN-A2) zu zeichnen. Es bietet sich an, in Vierergruppen zu arbeiten. Jedes Gruppenmitglied schreibt seine Erzählideen in seine Ecke des Blattes. Eventuell können die Schüler hierzu auch verschiedenfarbige Stifte verwenden. Anschließend sichten sie die Ideen der anderen. Dazu drehen sie das Placemat oder gehen von Ecke zu Ecke um den Tisch herum. Gesprochen wird nur, wenn Rückfragen zu den Ideen der Gruppenmitglieder auftauchen. In der letzten Phase dieses Arbeitsschritts diskutieren die Schüler alle Ideen unter der Fragestellung: „Welche ist besonders erzählenswert und eignet sich für eine Geschichte?“ Sie einigen sich auf insgesamt fünf, die sie in den mittleren Kasten schreiben. In Lerngruppen, die diese Form der Gruppenarbeit noch nicht kennen, bietet es sich an, ihre einzelnen Phasen zeitlich zu begrenzen (z. B. dreimal fünf Minuten).
Im **3. Arbeitsschritt** wählen die Schüler eine der fünf Erzählideen des mittleren Kastens aus und erfinden gemeinsam eine Geschichte. Dabei orientieren sie sich an den abgedruckten Leitfragen. Anschließend üben sie den gemeinsamen Vortrag. Dazu wird die Geschichte in Abschnitte eingeteilt. Jedes Gruppenmitglied bereitet einen Abschnitt vor. Hilfreich könnte hier ein Spickzettel sein, auf dem einzelne Erzählschritte stichwortartig notiert werden.
Je nachdem, wie viel Zeit noch vorhanden ist, tragen im **4. Arbeitsschritt** entweder alle Gruppen oder nur einige ausgeloste ihre Geschichten im Plenum vor. Jede Gruppe erhält von der Lehrkraft und von den Mitschülern ein einfaches Feedback. Dieses kann sich einerseits auf den Vortrag selbst, aber auch auf inhaltliche bzw. die Erzähltechnik betreffende Aspekte beziehen.
Im **5. Arbeitsschritt** schreiben die Schüler in Einzelarbeit die Geschichte ihrer Gruppe auf. Dabei berücksichtigen sie eventuelle Verbesserungsvorschläge aus dem Plenum. Der Text sollte in den dafür vorgesehenen Schreibzeilen des Arbeitsblattes notiert werden. Im Sinne einer *Portfolio*-Arbeit ist er somit auch später noch nutzbar.

01 Ein Bild – viele Ideen

Avenue Images GmbH, Banana Stock

A1 EA

Schau das Bild genau an und überlege: Was könnten die beiden Jungen an diesem Nachmittag alles erlebt haben? Lass deine Fantasie spielen und sammle deine Ideen zunächst im Kopf (**Beispiele:** *Unfall, Streit mit anderen, ein cooles Kunststück…*).

A2 GA

Von eurem Lehrer habt ihr ein Placemat-Papier bekommen. Legt es auf euren Gruppentisch und verteilt euch so, dass jeder vor einem Abschnitt des Placemats sitzt.

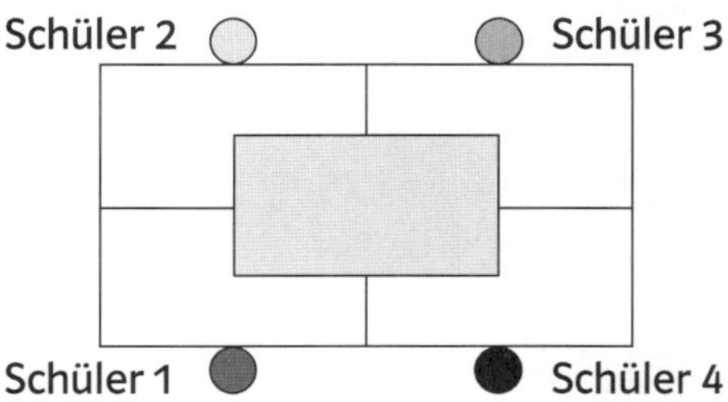

Geht nun wie folgt vor:

1. Jeder schreibt mindestens drei seiner Ideen zu dem Bild in seinen Abschnitt. Dabei darf niemand reden!

2. Wenn alle fertig sind, liest jeder die Ideen der anderen. Rückfragen an die Gruppenmitglieder sind nur erlaubt, wenn ihr etwas nicht versteht.

3. Entscheidet nun gemeinsam, welche fünf Ideen sich besonders für eine Geschichte eignen. Schreibt diese Ideen in den Kasten in der Mitte des Placemat-Papiers.

EA = Einzelarbeit
PA = Partnerarbeit
GA = Gruppenarbeit
PL = Plenum

A3 GA

Entscheidet euch nun noch einmal für die beste eurer fünf Ideen und überlegt gemeinsam:

- Wie könnte sich die **Geschichte ereignet haben?**
- **Was könnte Schritt für Schritt** passiert sein?

Teilt nun die Geschichte in Abschnitte ein. Jedes Gruppenmitglied soll später einen Abschnitt vor der Klasse erzählen. Übt dafür in der Gruppe.

Tipp
Um euch das Erzählen vor der Klasse zu erleichtern, könnt ihr einen Spickzettel anlegen. Darauf notiert ihr einige Stichwörter zu eurem Abschnitt.

A4 EA

Im Plenum habt ihr eure Geschichte vorgetragen. Schreibe nun die Geschichte deiner Gruppe auf. Versuche dabei die Verbesserungsvorschläge der Klasse zu berücksichtigen.

Unsere erste Erzählung

EA = Einzelarbeit
PA = Partnerarbeit
GA = Gruppenarbeit
PL = Plenum

Ideen für eine Erzählung auf einem Plakat clustern

		Zeit	Lernaktivitäten	Material	Kompetenzen
1	EA	10′	S lesen den Infotext und markieren ihn nach der Drei-Stufen-Methode.	M1.A1	– einfache Technik der Ideenfindung und -strukturierung (Cluster) anwenden – eine Stoffsammlung erstellen – wesentliche Aussagen eines überschaubaren Textes erschließen – Informationen zusammenfassen – Schlüsselwörter und Nebeninformationen markieren und unterstreichen – über Arbeitsergebnisse informieren
2	PA	10′	S vergleichen ihre Markierungen und tauschen sich aus. Analog zu der im Infotext vorgestellten Vorgehensweise vervollständigen sie anschließend das vorgegebene Cluster.	M1.A2	
3	GA	30′	S vergleichen und besprechen ihre Ergebnisse aus der Partnerarbeit. Anschließend einigen sie sich auf eine Erzählidee und entwickeln zu dieser ein Cluster, welches sie auf ein Plakat zeichnen. Das Cluster überprüfen sie anhand von Leitfragen.	M1.A3	
4	PL	30′	Vertreter ausgeloster Gruppen präsentieren ihre Plakate (Cluster). Die vorgestellten Ergebnisse werden im Plenum diskutiert.		

Erläuterungen zur Lernspirale

✓ Merkposten

- Plakatpapier
- Losgegenstände
- Stifte zum Markieren
- Filzstifte
- Befestigungsmaterial

Ziel der Doppelstunde ist das Kennenlernen und Erstellen einer Stoffsammlung für eine Erzählung in Form eines Ideen-Clusters. Dabei üben sich die Schüler im Ordnen und Gliedern ihrer Einfälle und beginnen damit, einen Schreibplan entsprechend der Schreibabsicht zu erstellen. Sie erkennen, dass dieser ihren späteren Schreibprozess vereinfacht.
Sollte keine Doppelstunde zur Verfügung stehen, kann während der Gruppenarbeit des dritten Arbeitsschritts eine Zäsur erfolgen.

Zum Ablauf im Einzelnen:
Im **1. Arbeitsschritt** lesen die Schüler den Infotext und markieren diesen sachgerecht. Sie erhalten wesentliche Informationen für das Anfertigen eines Ideen-Clusters, das ihnen hilft, ihren Schreibprozess zu planen. In ungeübten Lerngruppen bietet es sich an, die Drei-Stufen-Methode des Markierens von Texten zu wiederholen. Sie wird auf dem Arbeitsblatt in Kurzform beschrieben.
Auf der Basis des Infotextes erläutern sich die Schüler in der Partnerarbeit des **2. Arbeitsschritts** zunächst gegenseitig, welchen Nutzen das Anlegen eines Ideen-Clusters hat und wie man dabei vorgeht. Auch hier kann es sinnvoll sein, das Markieren von Texten noch einmal zu thematisieren. Dazu vergleichen die Schüler ihre hervorgehobenen Schlüsselwörter und Nebeninformationen, und überprüfen, wie sinnvoll diese sind. Anschließend wenden sie ihr neu erworbenes Wissen an, indem sie das vorgegebene Cluster zum Thema Schulparty auf ein Blatt übertragen und sinnvoll ergänzen.
Im **3. Arbeitsschritt** vergleichen je zwei Tandems ihre erstellten Cluster. Dabei nehmen sie noch einmal Bezug auf den Infotext. Hier sollten die Schüler besonders darauf achten, dass die Ideen eines Zweiges entsprechend einer logischen Struktur angeordnet sind. Nun sollen die Gruppen Cluster zu eigenen Ideen entwickeln. Fällt den Schülern spontan kein eigenes erzählenswertes Erlebnis ein, können sie auf die Ergebnisse der letzten Lernspirale zurückgreifen. Aus diesem Grund sollten die Placemat-Papiere zur Verfügung stehen. Das in der Gruppe erstellte Cluster wird auf ein Plakat übertragen und mit Hilfe der Leitfragen überprüft.
Für die Präsentation der Ergebnisse im **4. Arbeitsschritt** werden Vertreter von zwei bis drei Gruppen ausgelost. Sie hängen ihr Plakat an die Tafel und erläutern ihr Cluster. Das Feedback der Klasse orientiert sich an den Leitfragen. Denkbar wäre es auch, die Ergebnisse aller Gruppen in Form eines Museumsrundgangs zu präsentieren. Dazu müsste ein Laufzettel (s. u.) angefertigt werden. Die Schüler sichten in Gruppen jedes Cluster und begutachten es mit Hilfe der Leitfragen des Laufzettels. Der Vorteil dieser Präsentationsform besteht darin, dass die Ergebnisse aller Gruppen gewürdigt werden. Zusätzlich könnte je ein Schüler jeder Gruppe vor dem eigenen Plakat stehen und mit den Betrachtern in eine Diskussion eintreten.
Für jeden Schüler könnte das Ergebnis seiner Gruppe fotografisch festgehalten werden (*Portfolio*).

Museumsrundgang: Muster für einen Laufzettel

Leitfragen	Gruppe 1	Gruppe 2	Gruppe 3	Gruppe 4	Gruppe 5
Ist die Kernidee erzählenswert?					
Verzweigen sich die Gedanken?					
…					
…					

02 Gefangen im Netz der Ideen

A1 EA

Lies den Text „Ideennetz (Cluster)" und markiere ihn mit der Drei-Stufen-Methode des Markierens von Texten. Wie diese Methode funktioniert, erfährst du in dem Kasten unten.

Ideennetz (Cluster)

Mit einem Ideennetz kannst du Ideen für eine Erzählung sammeln. Ein Ideennetz nennt man auch Cluster. Der Begriff stammt aus dem Englischen und bedeutet soviel wie Traube, Bündel, Schwarm oder Haufen. Mit einem Cluster hast du die Möglichkeit, Einfälle zu einer Erzählidee miteinander zu verknüpfen. Dabei entstehen verschiedene Zweige. Ein Cluster hilft dir, deine Gedankengänge zu ordnen und gibt dir einen Überblick, was zusammengehört.

Zunächst notierst du einen Begriff, ein Thema oder die Idee einer Erzählung in der Mitte eines Blattes und zeichnest einen Kreis darum. Das ist der Kern des Netzes. Nun beginnst du, alle Einfälle zur Kernidee zu notieren und miteinander zu verbinden.

Scheint ein neuer Einfall nicht zum Zweig der vorherigen Ideen zu passen, verbindest du ihn wieder mit der Kernidee und beginnst einen neuen. So verzweigen sich die Gedanken immer mehr.

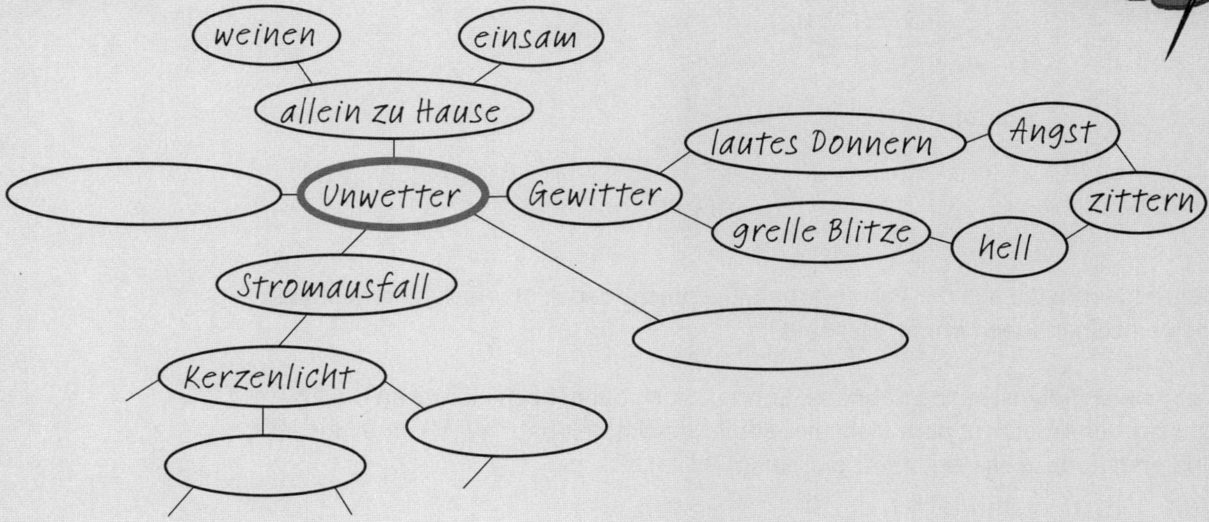

Die Drei-Stufen-Methode des Markierens von Texten

1. Text lesen und alles Wichtige mit Bleistift unterstreichen
2. Schlüsselwörter mit Textmarker markieren
3. Nebeninformationen mit rotem Filzstift unterstreichen

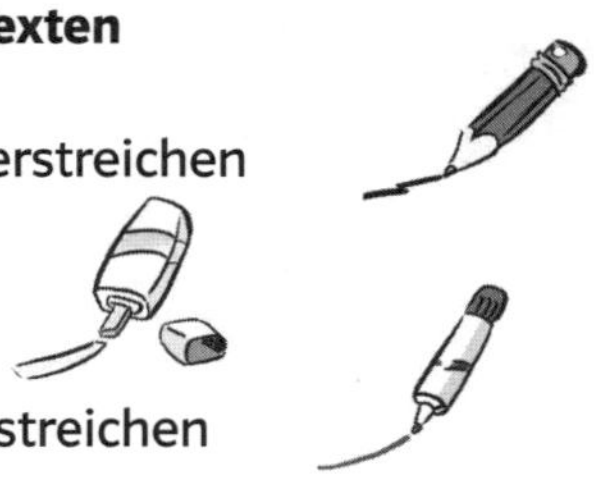

■ **Schlüsselwörter** sind Wörter, die genau wie Schlüssel Türen öffnen können. Schlüsselwörter öffnen dir die Tür zum **Verständnis von Texten.**

A2 PA

Vergleicht eure Markierungen und erzählt euch gegenseitig, was ihr über Ideennetze erfahren habt. Ergänzt anschließend auf einem Extrablatt das folgende Ideennetz. Geht dabei so vor, wie es im Text beschrieben wurde.

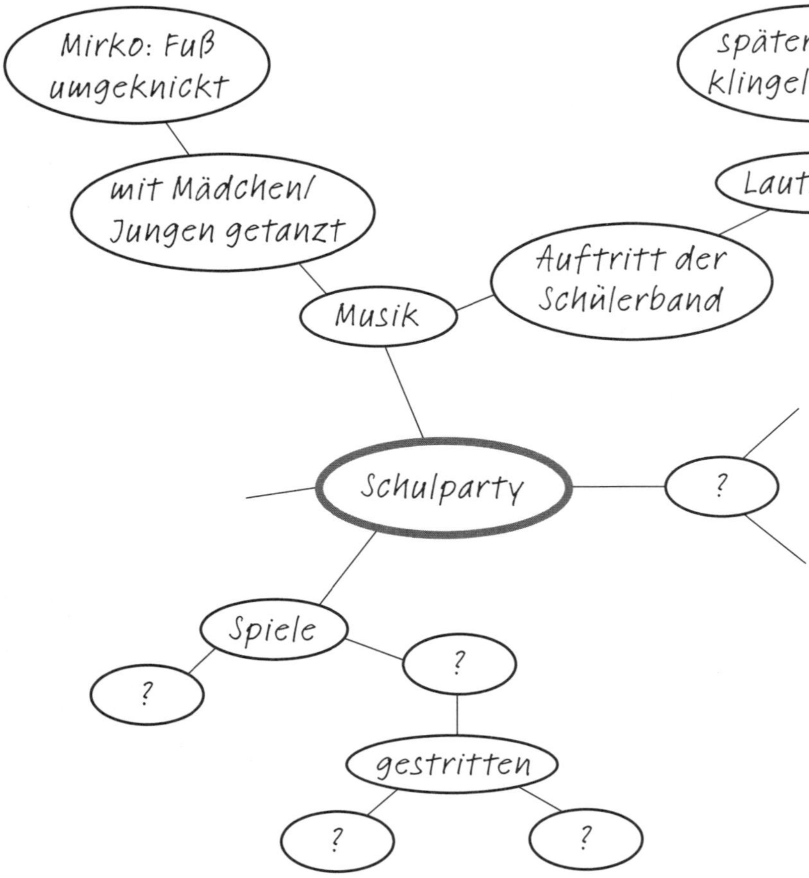

Tipp
Diese Fragen helfen euch:
- Was wurde gespielt?
- Warum gab es Streit?
- Wie kam es zu einer Einigung?
- …

A3 GA

Vergleicht eure Ideennetze aus der Partnerarbeit. Besprecht dabei, ob die Zusammenhänge zwischen den einzelnen Ideen immer klar sind.

Sucht nun eigene erzählenswerte Erlebnisse. Erinnert euch dabei noch einmal an die Erzählideen, die ihr bei der Arbeit mit dem Placemat-Papier gesammelt habt. Wählt eine Idee als Kern aus und erstellt dazu ein Ideennetz auf einem Plakat.

Überprüft euer Ergebnis mit Hilfe der folgenden Fragen:

- Ist die Kernidee erzählenswert?
- Verzweigen sich die Gedanken?
- Versteht man die Zusammenhänge zwischen den Einfällen?
- Ergeben die einzelnen Einfälle eine verständliche Geschichte?

EA = Einzelarbeit
PA = Partnerarbeit
GA = Gruppenarbeit
PL = Plenum

Erzählschritte in einem Schreibgespräch planen

		Zeit	Lernaktivitäten	Material	Kompetenzen
1	EA	10′	S schneiden die Erzählschritte aus und sortieren diese auf ihrem Tisch.	M1.A1, M2	- einen Schreibplan entwickeln - eine Gliederung (Schreibgerüst) erstellen - Folgerichtigkeit beim Erzählen beachten - ein Schreibgespräch durchführen - kritische Bewertung vornehmen - gedanklich geordnet schreiben - einen anleitenden Text erschließen - zielgerichtet arbeiten und kooperieren - Arbeitsaufträge korrekt umsetzen - eigene Meinung begründen
2	PA	10′	S vergleichen und begründen ihre Ergebnisse. Sie einigen sich auf eine gemeinsame Reihenfolge und kleben die Streifen auf das Arbeitsblatt.	M1.A2, M3	
3	GA	20′	S treffen sich in den Arbeitsgruppen der letzten Lernspirale. Sie lesen und besprechen die Anleitung für das anschließend stattfindende Schreibgespräch.	M1.A3	
4	GA	5′	S besprechen das Ergebnis ihres Schreibgesprächs mit Hilfe von Leitfragen.	M1.A4	
5	GA	15′	Die einzelnen Gruppen tauschen ihre Ergebnisse der vorhergehenden Phase aus und kommentieren das Ergebnis einer jeweils anderen Gruppe.	M1.A5	
6	GA	10′	S überprüfen die Kommentare zu ihrem eigenen Ergebnis und ergänzen bzw. verbessern, falls nötig.	M1.A6	
7	PL	10′	Vertreter ausgeloster Gruppen präsentieren ihre Ergebnisse.		

Erläuterungen zur Lernspirale

Ziel der Doppelstunde ist es, zu erkennen, dass sich der Prozess des Schreibens einer Erzählung planen lässt, indem man seine Ideen in Erzählschritte umsetzt und diese in einer aufeinander aufbauenden Reihenfolge anordnet. Dazu ordnen die Schüler zunächst vorgegebene Erzählschritte. Im zweiten Teil der Spirale setzen sie eigene Erzählideen um. Dies geschieht in Form eines Schreibgesprächs.
Sollte keine Doppelstunde zur Verfügung stehen, kann eine Zäsur nach dem dritten Arbeitsschritt erfolgen. Die Ergebnisse der Schreibgespräche werden dann in der nächsten Stunde in den Schritten vier bis sieben reflektiert.

Zum Ablauf im Einzelnen:
Der **1. Arbeitsschritt** sensibilisiert die Schüler für die Problematik des Ordnens einzelner Erzählschritte. Nachdem sie die Streifen des Bogens ausgeschnitten haben, bringen sie diese in eine sinnvolle Reihenfolge. Dafür werden sie zunächst nur auf den Tisch gelegt. Sind die Schüler mit ihrem Ergebnis zufrieden, nummerieren sie die Streifen entsprechend durch. Nach einem Wechsel an einen anderen Tisch ist so die gefundene Ordnung schnell wieder hergestellt.
Im **2. Arbeitsschritt** vergleichen die Schüler in Zufallstandems ihre Ergebnisse. Sie achten auf eine sinnvolle Reihenfolge und begründen, warum sie sich für ihre Anordnung der Erzählschritte entschieden haben. Beide Schüler sollten sich möglichst auf eine gemeinsame Reihenfolge einigen und die Streifen abschließend auf ihr Arbeitsblatt kleben.

Für das Schreibgespräch im **3. Arbeitsschritt** sollten sich die Schüler in den Gruppen treffen, in denen sie in der letzten Lernspirale gemeinsam ein Cluster erstellt haben. Die Cluster selbst müssen zur Verfügung stehen. Die Schüler führen das Schreibgespräch nach der abgedruckten Anleitung durch. Diese Form der Kommunikation hat den Vorteil, dass ein hohes Maß an Konzentration geschaffen wird. Die schriftliche Formulierung der Gedanken erfordert eine höhere Aufmerksamkeit, als es im mündlichen Gespräch oft der Fall ist. Auch sind stillere Schüler einbezogen, die sich selbst in Gruppenarbeiten an Gesprächen nur wenig beteiligen.
Nachdem das Schreibgespräch beendet ist, besprechen die Schüler im **4. Arbeitsschritt** ihr Ergebnis. Dabei orientieren sie sich an den auf dem Arbeitsblatt vorgegebenen Gesichtspunkten.
Wiederum mit Hilfe der Leitfragen besprechen die Schüler im **5. Arbeitsschritt** die Erzählschritte einer jeweils anderen Gruppe. Dieser geben sie ein Feedback in Form eines Zettels, auf dem ihre Anmerkungen notiert sind.
Im **6. Arbeitsschritt** nutzt jede Gruppe das erhaltene Feedback, um ihre Erzählschritte noch einmal einer kritischen Betrachtung zu unterziehen. Bei Bedarf wird korrigiert oder ergänzt.
Abschließend präsentieren im **7. Arbeitsschritt** Vertreter ausgeloster Gruppen die Erzählschritte im Plenum.
Für jeden Schüler sollte das Ergebnis seiner Gruppe kopiert werden. Im Sinne einer *Portfolio*-Arbeit ist dieses später noch nutzbar.

✓ Merkposten
- M1 in Klassenstärke
- Scheren
- Klebstoff
- Plakatpapier
- Filzstifte
- erarbeitete Cluster aus der letzten Stunde
- Losgegenstände
- Befestigungsmaterial

03 Ein Schritt nach dem anderen

A1 EA

In den letzten beiden Stunden hast du gelernt, wie man Ideen sammeln kann. Um eine Erzählung zu planen, ist es sinnvoll, seine Einfälle in einzelne Erzählschritte umzusetzen und diese zu sortieren.
Du hast von deinem Lehrer eine Sammlung von Erzählschritten zu dem Ideennetz bekommen. Schneide die einzelnen Streifen aus und bringe sie in eine sinnvolle Reihenfolge. Wenn du einen Erzählschritt für unwichtig hältst, dann lasse ihn einfach weg.

Tipp
Ordne die Streifen zunächst auf deinem Tisch und klebe sie noch nicht ein. Wenn du zu einem Ergebnis gekommen bist, nummeriere alle Streifen der Reihe nach durch. So kannst du sie in der anschließenden Partnerarbeit schnell wieder in die richtige Reihenfolge legen.

A2 PA

Vergleicht und diskutiert eure Ergebnisse. Stellt ihr Unterschiede fest? Begründet, warum ihr die Erzählschritte anders als euer Partner geordnet habt. Einigt euch zum Schluss auf eine gemeinsame Reihenfolge, die euch beiden sinnvoll erscheint.
Abschließend klebt ihr die Streifen hier ein.

Erzählplan
Mit dem Ordnen einzelner Erzählschritte legst du dir einen Erzählplan zurecht. Am besten orientierst du dich dabei an der Zeit. Frage dich, was ganz zu Anfang geschah, was darauf Schritt für Schritt folgte und wie alles endete. Ein gut geordneter Erzählplan hilft dir beim Schreiben, den Überblick zu behalten.

Schulparty: Erzählschritte ordnen

1	
2	
3	
4	
5	
6	
7	
8	
9	
10	
11	
12	
13	

Tipp
Erscheinen euch Erzählschritte überflüssig?
Es müssen nicht alle 13 Streifen eingeklebt werden!

EA = Einzelarbeit
PA = Partnerarbeit
GA = Gruppenarbeit
PL = Plenum

A3 GA

Trefft euch in den Gruppen, in denen ihr die Plakate mit den Ideennetzen angefertigt habt. Hängt euer Plakat so an die Wand, dass ihr es alle gut lesen könnt. Wenn genug Platz ist, könnt ihr es auch mit an euren Tisch nehmen. Lest die Anleitung für das Schreibgespräch und besprecht alle unklaren Punkte. Führt anschließend das Schreibgespräch durch.

Anleitung für das Schreibgespräch

Gemeinsam sollt ihr die Einfälle eures Ideennetzes in Erzählschritte umsetzen.

- Legt ein großes Blatt (z. B. aus eurem Zeichenblock) und einen Filzstift in die Mitte des Tisches.
- Lest euer Plakat mit dem Ideennetz noch einmal genau.
- Wählt ein Gruppenmitglied, das anfängt.
- Achtung! Während des gesamten Schreibgesprächs darf niemand reden oder den anderen Zeichen geben. Diskutiert wird später!
- Das gewählte Gruppenmitglied schreibt nun einen ersten Erzählschritt stichwortartig auf das Blatt und gibt Blatt und Stift an seinen Nachbarn zur Linken weiter.
- Dieser schreibt einen weiteren Erzählschritt auf das Blatt und gibt ebenfalls beides an seinen linken Nachbarn weiter.
- Macht so weiter, bis niemandem mehr etwas einfällt.
- Hat ein Gruppenmitglied zwischendurch keine Idee, gibt es Blatt und Stift einfach weiter.

A4 GA

Besprecht und überarbeitet das Ergebnis eures Schreibgesprächs.
Orientiert euch dabei an folgenden Fragen:
- Gibt es Erzählschritte, die unwichtig oder ungeeignet sind?
- Fehlen eventuell wichtige Erzählschritte?
- Sind die einzelnen Schritte so formuliert, dass man auch später noch versteht, was damit gemeint war?

Überprüft außerdem die Reihenfolge der Erzählschritte und nummeriert sie durch.

A5 GA

Lest die Erzählschritte einer anderen Gruppe. Wenn nötig, helft der Gruppe, indem ihr auf einem kleinen Zettel notiert, was ihr nicht versteht oder was ihr ändern würdet.

Unsere Verbesserungsvorschläge
- Reihenfolge der Erzählschritte noch einmal überprüfen
- Ist Schritt 3 wirklich so wichtig?
- ...

A6 GA

Überprüft, korrigiert oder ergänzt eure eigenen Erzählschritte, nachdem ihr die Rückmeldung einer anderen Gruppe bekommen habt. Bereitet abschließend eine kleine Präsentation vor, in der ihr eure Erzählschritte vortragt und erläutert.

Tipp
Bei der Präsentation könnte es sinnvoll sein, wenn ihr zur Verdeutlichung euer Plakat mit dem Ideennetz noch einmal zeigt.

EA = Einzelarbeit
PA = Partnerarbeit
GA = Gruppenarbeit
PL = Plenum

Jonas schummelt

Mädchen kreischen

Mädchen tanzen mit Jungen

Spiel: Dosenwerfen

coole Live-Musik, aber laut

Schülerband rockt auf der Bühne

Kühlkissen, Verband

Lehrer schlichtet Streit

viel Applaus

Ohrenklingeln nach Konzert

Mirko knickt mit dem Fuß um

Beginn der Party in der Aula der Schule

zwei Schüler der 10. Klassen legen Musik auf

LS 03.M3

Mögliche Lösung zu M1.A1/A2

Bitte vor dem Kopieren der Erzählschritte abtrennen!

1. Beginn der Party in der Aula der Schule
2. zwei Schüler der 10. Klassen legen Musik auf
3. Mädchen tanzen mit Jungen
4. Mirko knickt mit dem Fuß um
5. Kühlkissen, Verband
6. Schülerband rockt auf der Bühne
7. coole Live-Musik, aber laut
8. Mädchen kreischen
9. viel Applaus
10. Ohrenklingeln nach Konzert
11. Spiel: Dosenwerfen
12. Jonas schummelt
13. Lehrer schlichtet Streit

Den Aufbau einer Erzählung schematisch darstellen

		Zeit	Lernaktivitäten	Material	Kompetenzen
1	EA	5′	S hören einen Lehrervortrag zum Aufbau einer Erzählung und fertigen einen Spickzettel an.	M1.A1, M2	- Strukturmerkmale einer Erzählung kennen - Aufbau (Schema) einer Erzählung kennen - Erzählschritte einem Schema zuordnen können - einen Lehrervortrag auswerten - aktiv zuhören - Stichwörter aufschreiben - Notizen zur Wiedergabe nutzen - verständlich informieren - Inhalte mit eigenen Worten wiedergeben - ein Plakat gestalten - Präsentationstechniken nutzen
2	PA	15′	Im Doppelkreis geben die S den Inhalt des Lehrervortrags wieder – mit einmaligem Wechsel – sodass jeder S einmal spricht und einmal ergänzt bzw. korrigiert.		
3	PA	10′	S wählen eines der abgebildeten Aufbauschemata aus und begründen ihre Entscheidung.	M1.A2	
4	GA	30′	S vergleichen und begründen die Wahl ihres Schemas. Sie einigen sich auf eines, übertragen dieses auf ein Plakat und ordnen ihm die in der letzten Lernspirale erarbeiteten Erzählschritte schriftlich zu.	M1.A3	
5	GA	10′	Unter Berücksichtigung der zwei vorgegebenen Gesichtspunkte bereiten S eine Präsentation ihres Ergebnisses vor.	M1.A4	
6	PL	10′	Ausgeloste Gruppen präsentieren ihr Plakat und erläutern ihr Vorgehen entsprechend der Leitfragen.		
7	HA		S tragen in Stichwortsätzen zusammen, was sie über den Aufbau einer Erzählung gelernt haben. Außerdem übernehmen sie das in der Gruppe ausgewählte Schema.	M1.A5	

Erläuterungen zur Lernspirale

Ziel der Doppelstunde ist es, den dreiteiligen Aufbau (Einleitung, Hauptteil mit Höhepunkt, Schluss) einer Erzählung kennenzulernen. Dabei befassen sich die Schüler auch mit den Funktionen und Inhalten der einzelnen Teile. Sie versuchen, diesen Teilen selbst formulierte Erzählschritte sinnvoll zuzuordnen. Für Klassen, denen die Routine für Doppelkreisgespräche fehlt, ist der Zeitansatz für diese Stunde eher knapp bemessen. Hier sollte eventuell mehr Zeit zur Verfügung stehen. Eine Zäsur ist nach dem dritten Arbeitsschritt möglich.

Zum Ablauf im Einzelnen:
Der Lehrervortrag des **1. Arbeitsschritts** informiert die Schüler über den Aufbau einer Erzählung und die Funktionen und Inhalte ihrer Teile. In schwächeren Lerngruppen kann unterstützend die Folie eingesetzt werden. Während des Vortrags fertigen die Schüler einen Spickzettel an. Damit dieser im anschließenden Doppelkreis nicht einfach vorgelesen wird, sollte er auf maximal zehn Wörter begrenzt sein. Kleine Zeichnungen und Symbole sind als Gedächtnisstützen aber erlaubt.
Im **2. Arbeitsschritt** geben die Schüler mit Hilfe des Spickzettels den Inhalt des Lehrervortrags wieder und korrigieren und ergänzen sich dabei.
Der **3. Arbeitsschritt** dient nun dem Transfer des neu erworbenen Wissens. Aus den vorgegebenen Schemata wählen die Schüler in Zufallstandems jenes aus, welches ihrer Meinung nach den Aufbau einer Erzählung am besten darstellt. Gemeinsam begründen sie ihre Auswahl und argumentieren dabei auf der Basis der Informationen des ersten Arbeitsschritts.
Die Gruppen im **4. Arbeitsschritt** setzen sich aus jeweils zwei Tandems zusammen. Zunächst einigen sich diese auf ein Schema, das anschließend auf ein Plakat übertragen wird. Nun greifen die Schüler auf die in dem Schreibgespräch der LS 03 erarbeiteten Erzählschritte zurück. Da die Schüler in dieser Lernspirale in unterschiedlichen Gruppen gearbeitet haben, müssen sie sich zunächst einigen, welche Erzählschritte sie verwenden wollen. Diese schreiben sie in die entsprechenden Teile ihres ausgewählten Aufbauschemas. Dabei müssen sie die Informationen des Lehrervortrags verarbeiten und umsetzen. Da der Hauptteil der Erzählung hier auch unter dem Aspekt der Spannungssteigerung betrachtet wird, wäre es möglich, die Schüler in dieser Gruppenarbeit noch einmal zum Überdenken ihrer Erzählschritte aufzufordern. Bei Bedarf kann hier noch einmal geändert werden.
Im **5. Arbeitsschritt** wird die Präsentation der Gruppenergebnisse vorbereitet. Dabei orientieren sich die Schüler an den abgedruckten Leitfragen.
Nachdem im **6. Arbeitsschritt** die Ergebnisse präsentiert wurden, fassen die Schüler im **7. Arbeitsschritt** ihre Erkenntnisse noch einmal zusammen. Dieser Arbeitsschritt bietet sich als **Hausaufgabe** an.
Die Ergebnisse der Gruppenarbeit werden fotografisch festgehalten. So kann auch später noch darauf zurückgegriffen werden.

✓ **Merkposten**
- Plakatpapier
- Filzstifte
- Losgegenstände
- Befestigungsmaterial
- evtl. Digitalkamera

04 Aufbauarbeit leicht gemacht

A1 EA

Dein Lehrer hält einen kurzen Vortrag zum Aufbau einer Erzählung. Fertige einen „Spickzettel“ an, auf dem du das Wichtigste in Stichworten festhältst. Es sind maximal zehn Stichwörter erlaubt. Der „Spickzettel“ soll dir im folgenden Doppelkreis helfen, den Inhalt des Vortrags wiederzugeben.

A2 PA

Wählt unten ein Schema aus, das für euch den Aufbau einer Erzählung am besten darstellt. Begründet anschließend kurz, warum ihr euch für dieses Schema entschieden habt und notiert eure Gedanken auf den Schreiblinien.

____

____

____

____

____

____

a)

b)

c)

d)

e)

Höhepunkt | Einleitung | Hauptteil | Schluss

Tipp

Neben Stichwörtern helfen dir auch Symbole und kleine Zeichnungen dabei, dich an den Inhalt des Vortrags zu erinnern.

Doppelkreis

- Teilt die Klasse durch Abzählen in zwei gleich große Hälften. Die eine Hälfte bildet den Innenkreis, die andere den Außenkreis.
- Stellt oder setzt euch einander so gegenüber, dass Innenkreis und Außenkreis sich ansehen.
- Die Schüler des Innenkreises erzählen nun mit Hilfe des Spickzettels ihrem Gegenüber den Inhalt des Lehrervortrags. Der Außenkreis ergänzt und berichtigt.
- Der Außenkreis dreht sich nun z. B. um drei Positionen weiter, sodass jeder Schüler einem neuen gegenüber steht oder sitzt.
- Nun gibt der Außenkreis den Inhalt des Vortrags wieder und der Innenkreis ergänzt.
- Achtet beim Reden darauf, dass es nicht zu laut wird!

EA = Einzelarbeit
PA = Partnerarbeit
GA = Gruppenarbeit
PL = Plenum

EA = Einzelarbeit
PA = Partnerarbeit
GA = Gruppenarbeit
PL = Plenum

A3 GA

Vergleicht eure ausgewählten Schemata und tragt eure Begründungen vor. Entscheidet euch für ein Schema und zeichnet dieses groß auf ein Plakat. Erinnert ihr euch noch an die Erzählschritte aus dem Schreibgespräch? Schreibt diese nun in euer Schema.
Welche Schritte gehören in die Einleitung, welche in den Hauptteil und welche in den Schluss? Welche Schritte könnten den Höhepunkt bilden?

A4 GA

Bereitet gemeinsam eine Präsentation eures Plakats vor. Geht dabei auf folgende Fragen ein:
- Warum habt ihr gerade dieses Schema ausgewählt?
- Wie seid ihr bei der Zuordnung der Erzählschritte vorgegangen?

A5 EA

Trage hier in Stichwortsätzen zusammen, was du über den Aufbau einer Erzählung weißt.
Aus wie vielen Teilen besteht sie? Welche Funktionen und Inhalte haben diese Teile?
Zeichne außerdem das Aufbauschema ab, für das ihr euch in der Gruppenarbeit entschieden habt.

Der Aufbau einer Erzählung

Aufbauschema

Lehrervortrag zum Aufbau einer Erzählung

Der Aufbau einer Erzählung besteht aus drei Teilen: der Einleitung, dem Hauptteil mit Höhepunkt und dem Schluss. Die **Einleitung** führt zur eigentlichen Erzählung hin. In ihr wird die Vorgeschichte **kurz** dargelegt und die wichtigsten W-Fragen (wer, wann, wo, was) werden beantwortet.
Im **Hauptteil** darf nur von einem Ereignis erzählt werden. Sein Aufbau erfolgt in **einzelnen Erzählschritten**. Es ist wichtig, dass diese in richtiger Reihenfolge und logischen Zusammenhängen stehen. Eine Erzählung muss lebendig sein und den Leser unterhalten. Deshalb bauen im Hauptteil die Erzählschritte so aufeinander auf, dass die **Spannung bis zum Höhepunkt** steigt. Auch wenn ein Ereignis nicht unbedingt spannend ist, muss der Höhepunkt das Wesentliche so darstellen, dass man es gerne liest. Aus diesem Grund muss er ausführlich gestaltet werden. **Gefühle, Wahrnehmungen und Gedanken** werden hier wiedergegeben.
Vor Übertreibungen sollte man sich jedoch hüten.
Der **Schluss** löst die aufgebaute Spannung auf. Er rundet die Erzählung ab und lässt sie ausklingen. In ihm kann die Erzählung zusammengefasst werden, oder es wird ein Ausblick gegeben.

Folie zur Unterstützung des Lehrervortrags

Der Aufbau einer Erzählung

Einleitung
- Die Einleitung führt zur eigentlichen Erzählung hin.
- In der Einleitung wird die Vorgeschichte **kurz** dargelegt.
- Beantwortung der wichtigsten „W-Fragen" (wer, wann, wo, was?)

↓

Hauptteil mit Höhepunkt
- Es darf nur von einem Ereignis erzählt werden.
- Der Aufbau erfolgt in einzelnen Erzählschritten.
- Wichtig ist dabei die richtige Reihenfolge der einzelnen Erzählschritte.
- Auf logische Zusammenhänge muss geachtet werden.
- Die Spannung steigt.
- Die einzelnen Erzählschritte führen zum Höhepunkt der Erzählung.
- Der Höhepunkt der Geschichte muss ausführlich gestaltet werden.
- Erzählen, was man denkt, fühlt und wahrnimmt.
- Vor Übertreibungen hüten!

↓

Schluss
- Der Schluss rundet die Erzählung ab und lässt sie ausklingen.
- Verschiedene Möglichkeiten: Man kann die Erzählung zusammenfassen, ihr eine überraschende Wendung oder einen Ausblick geben.

Kriterien für eine gute Überschrift entwickeln

		Zeit	Lernaktivitäten	Material	Kompetenzen
1	EA	10′	S lesen ein Beispiel für eine Erzählung.	M1.A1	– wesentliche Elemente und grundlegende Strukturen (Überschrift) kennen – Merkmale der Überschrift in die eigene Produktion aufnehmen können – Kriterien der Überarbeitung kennen und nutzen – eigene Meinung und Auswahlkriterien begründen – lineare Texte auswerten – in lesbarer Handschrift schreiben – zielgerichtet und kooperativ zusammenarbeiten – über Arbeitsergebnisse informieren
2	EA	5′	S wählen einen von sieben Vorschlägen für eine gelungene Überschrift zu der gelesenen Erzählung.	M1.A2	
3	PA	10′	S vergleichen ihre ausgewählten Überschriften und begründen ihre Entscheidungen. Anschließend überprüfen sie ihre Wahl mit Hilfe der vorgegebenen Gesichtspunkte.	M1.A3	
4	GA	15′	S formulieren aus den Leitfragen Kriterien für eine gute Überschrift und schreiben diese auf Folienstreifen.	M1.A4	
5	GA	15′	Anhand der Kriterien formulieren S eine Überschrift zu einer Erzählung, der die in der dritten bzw. vierten Lernspirale notierten Erzählschritte zugrunde liegen.	M1.A5, LS 03.M1.A4, LS 04.M1.A3	
6	PL	15′	Ausgeloste Vertreter aller Gruppen präsentieren ihre Kriterien und ihre Überschrift. Feedback durch S und L. Die Ergebnisse werden im Anschluss nochmals reflektiert, S einigen sich auf fünf Kriterien.		
7	EA	10′	S übertragen ausgewählte Kriterien auf das Arbeitsblatt.	M1.A6	

Erläuterungen zur Lernspirale

Ziel der Doppelstunde ist es, anhand von Leitfragen Kriterien für eine gelungene Überschrift zu einer Erzählung zu entwickeln. Im Anschluss daran sollen die Schüler mit diesen Kriterien die Qualität ihrer eigenen Überschriften überprüfen.
Eine Zäsur kann nach dem vierten Arbeitsschritt erfolgen.

Zum Ablauf im Einzelnen:
Das Thema Überschriften für eine Erzählung kann im Unterricht nicht ohne Bezug zu einem Beispieltext behandelt werden. Gerade für Schüler der unteren Jahrgangsstufen wäre die rein theoretische Betrachtung von Qualität und Leistung einer gelungenen Überschrift zu abstrakt und würde nicht zu dem gewünschten Kompetenzaufbau führen. Aus diesem Grund lesen die Schüler im **1. Arbeitsschritt** zunächst eine vorgegebene Erzählung. Schwächeren Schülern sollte Gelegenheit und genügend Zeit gegeben werden, sich den Inhalt der Erzählung genau zu vergegenwärtigen, da dieser für die nächsten Arbeitsschritte besonders wichtig ist.
Im **2. Arbeitsschritt** entscheiden die Schüler zunächst rein intuitiv, welche der vorgeschlagenen Überschriften ihnen für die Erzählung am gelungensten bzw. passendsten erscheint.
In der Partnerarbeit des **3. Arbeitsschritts** vergleichen die Schüler ihre gewählten Überschriften und begründen ihre Entscheidungen. Anschließend untersuchen sie diese mit Hilfe der angeführten Leitfragen auf dem Arbeitsblatt. Die Entscheidung darüber, ob eine Frage mit ja beantwortet wird oder nicht, kann an dieser Stelle nicht endgültig geklärt werden. Vielmehr bietet die Diskussion um jede einzelne Frage die Gelegenheit, eine andere Meinung zur Kenntnis zu nehmen und die eigene eventuell zu überdenken.
Im **4. Arbeitsschritt** werden je zwei Tandems zu einer Vierergruppe zusammengeführt. Aus den Leitfragen werden nun Kriterien formuliert und diese einzeln auf Folienstreifen geschrieben. Sollten hier einzelne Kriterien entwickelt werden, die nicht auf einer der Leitfragen basieren, so ist dies auf jeden Fall zuzulassen. Im Plenum können diese dann zur Diskussion gestellt werden.
Da die Schüler in der LS 04 nicht in den gleichen Gruppen gearbeitet haben, in denen sie sich jetzt befinden, einigen sie sich im **5. Arbeitsschritt** zunächst auf eine Sammlung von Erzählschritten. Die entsprechenden Plakate oder deren fotografische Dokumentation müssten den Schülern dazu vorliegen. Anschließend formulieren sie zu diesen eine Überschrift, die den von ihnen formulierten Kriterien genügt.
Der **6. Arbeitsschritt** dient der Präsentation der Ergebnisse. Dazu legt der ausgeloste Vertreter der ersten Gruppe die Folienstreifen auf den OHP. Um zu vermeiden, dass im Anschluss immer wieder die gleichen Kriterien vorgestellt werden, ergänzen die anderen Gruppen lediglich solche, die noch nicht genannt wurden. Nach der Präsentation werden alle Ergebnisse noch einmal reflektiert. Die Klasse einigt sich auf fünf Kriterien.
Diese werden im **7. Arbeitsschritt** auf das Arbeitsblatt übernommen. Zusätzlich sollte jeder Schüler die in der Gruppenarbeit formulierte Überschrift festhalten, damit diese auch später noch zur Verfügung steht.

✓ **Merkposten**
- Overhead-Projektor
- in Streifen geschnittene Folien
- Folienstifte
- Losgegenstände

05 Überschreiben erwünscht

A1 EA

Lies die folgende gelungene Erzählung.

Vor zwei Wochen hatten wir Ferien. Meine Freundin Kira und ich spielten im Garten unter unserer großen Kastanie. Dort hatte schon vor längerer Zeit ein Vogel ein Nest in einer Astgabel gebaut.
Weil wir neugierig waren, kletterten wir auf den Baum. Am Nest angekommen, sahen wir vier kleine, hilflose und hässliche Geschöpfe darin liegen. Die Mutter war weg, vielleicht hatte sie ihre Jungen verlassen. Eines der Küken war tot. Die anderen drei sahen dünn und mager aus. Sie hatten nur einen graubraunen, schmutzigen, klebrigen Flaum. Wir nahmen sie heraus und trugen sie vorsichtig nach Hause. Dort fragte uns mein Vater erstaunt: „Was habt ihr denn da?" Nachdem ich ihm alles erklärt hatte, richteten wir einen Karton mit Gras her, in dem wir die Tiere hochpäppeln konnten. Wir fütterten sie mit Würmern und Maden, die wir im Garten täglich ausgruben. Jedes Mal freuten wir uns riesig, wenn die Kleinen gierig ihre Schnäbel aufrissen. Wir pflegten sie mit viel Mühe und Geduld und lange hatten wir Angst um ihr Leben. Doch dann wurden sie von Tag zu Tag kräftiger und frecher. Nach drei Wochen machten sie die ersten Flugversuche, aber sie stürzten noch einige Male ab. Es war sehr putzig. Nach ein paar Tagen sagte ich zu Kira: „Jetzt will ich sehen, ob sie schon aus einem Meter Höhe fliegen können!" Ich setzte die drei Jungvögel auf meinen Schreibtisch und gab ihnen vorsichtig einen kleinen Schubs. Da plötzlich, ich konnte es kaum glauben: Sie flogen in meinem Zimmer umher. Nun konnte ich sie bald freilassen.
Als es soweit war, verabschiedete ich mich von ihnen. Ich warf sie in die Höhe und sie flogen weg. Ich sah ihnen nach und dachte zurück, wie hilflos sie noch vor einigen Wochen gewesen waren.

A2 EA

Welche der folgenden Überschriften zu dieser Erzählung hältst du für gelungen? Kreuze an.

- ☐ Wie ich drei Jungvögeln das Leben rettete
- ☐ Die Arbeit hat sich gelohnt
- ☐ Spaß mit Jungvögeln
- ☐ Wie ich Vögeln das Fliegen lehrte
- ☐ Eine Entdeckung auf der Kastanie
- ☐ Hilfe zur rechten Zeit
- ☐ Mein schönstes Tiererlebnis

A3 PA

Vergleicht eure ausgewählten Überschriften und begründet, warum ihr gerade diese passend findet. Stellt anschließend die folgenden Fragen an eure Überschriften. Wenn ihr alle mit „ja" beantworten könnt, seid ihr auf dem richtigen Weg.

- Trifft die Überschrift das Wesentliche der Erzählung?
- Macht die Überschrift den Leser neugierig?
- Erweckt die Überschrift Spannung beim Leser?
- Ist die Überschrift so formuliert, dass sie NICHT schon zu viel verrät?
- Ist die Überschrift aussagekräftig und NICHT zu allgemein und nichtssagend?

EA = Einzelarbeit
PA = Partnerarbeit
GA = Gruppenarbeit
PL = Plenum

A4 GA

Überprüft noch einmal gemeinsam eure Überschriften mit Hilfe der Fragen. Versucht anschließend aus den Fragen Merkmale zu entwickeln. Diese sollen aussagen, was eine gute Überschrift zu einer Erzählung leisten muss. Haltet euch dabei an das Beispiel. Schreibt jedes Merkmal auf je einen Folienstreifen.

> Beispiel:
> *Die Überschrift trifft das Wesentliche der Erzählung.*

A5 GA

Welche Überschrift könnte eine Erzählung bekommen, deren Erzählschritte ihr in Aufgabe 3 des Arbeitsblattes „Aufbauarbeit leicht gemacht" einem Aufbauschema zugeordnet habt? Formuliert die Überschrift, überprüft sie mit euren Merkmalen und schreibt sie anschließend ebenfalls auf einen Folienstreifen.

A6 EA

Im Plenum habt ihr euch auf fünf Merkmale für eine gute Überschrift zu einer Erzählung geeinigt. Trage diese Merkmale hier ein. Schreibe auch eure gefundene Überschrift dazu.

!

Merkmale für eine Überschrift zu einer Erzählung

1. ______________________________

2. ______________________________

3. ______________________________

4. ______________________________

5. ______________________________

Unsere Überschrift

____

EA = Einzelarbeit
PA = Partnerarbeit
GA = Gruppenarbeit
PL = Plenum

Erzählanfänge durch „Fünf-Finger-Rückmeldung" reflektieren

		Zeit	Lernaktivitäten	Material	Kompetenzen
1	EA	5′	S lesen den Ratgeber zum Schreiben eines Erzählanfangs und notieren Verständnisfragen.	M1.A1	- Textaufbau (hier: Einleitung) erfassen - Merkmale der Einleitung in die eigene Produktion aufnehmen können - sinnerfassend lesen - Informationen entnehmen - Schülerprodukte kriterienorientiert reflektieren - aufmerksam zuhören - eigene Meinung begründen - kooperativ zusammenarbeiten
2	PA	5′	S erläutern sich gegenseitig, worauf es beim Schreiben eines Erzählanfangs ankommt und klären ihre Fragen.	M1.A2	
3	EA	10′	S schreiben den Anfang einer Erzählung, deren Erzählschritte sie in der vierten Lernspirale einem Aufbauschema zugeordnet haben.	M1.A3, LS 04.M1.A3	
4	GA	10′	S lesen die Anleitung zur Fünf-Finger-Rückmeldung und klären Verständnisfragen. Anschließend tragen sie ihre Einleitungen vor. Feedback entsprechend des vorgestellten Verfahrens.	M1.A4	
5	PL	10′	Zwei ausgeloste S tragen ihre Einleitungen vor. Feedback der Klasse durch Fünf-Finger-Rückmeldung.		

Erläuterungen zur Lernspirale

✓ **Merkposten**

- Losgegenstände

Ziel der Einzelstunde ist es, den Schülern wesentliche Aspekte, die beim Schreiben einer Einleitung zu einer Erzählung zu beachten sind, bewusst zu machen. Außerdem lernen sie die Variante einer Methode kennen, mit der sie gezielt kritische, aber auch positive Äußerungen zu einem Arbeitsergebnis abgeben können.

Zum Ablauf im Einzelnen:
Im **1. Arbeitsschritt** sollte der Lehrer auf Erläuterungen verzichten. Die Schüler lesen den Ratgeber zum Schreiben eines Erzählanfangs auf ihrem Arbeitsblatt. Im Vordergrund steht dabei das selbstständige Erarbeiten wesentlicher Aspekte. Verständnisfragen notieren sie an der dafür vorgesehenen Stelle.
In der Partnerarbeit des **2. Arbeitsschritts** erläutern sich die Schüler zunächst gegenseitig, was beim Schreiben einer Einleitung zu beachten ist. Dabei gehen sie auf ihre notierten Verständnisfragen ein. Sollte der Partner keine Antwort auf eine Frage haben, müssen beide noch einmal im Text nachlesen. Hier ist der Lehrer angehalten, nicht zu früh helfend einzuschreiten.
Im **3. Arbeitsschritt** greifen die Schüler wiederum auf die Ergebnisse der LS 04 zurück. Sinnvollerweise sollten sie hier die in ein Aufbauschema eingetragenen Erzählschritte wählen, zu denen sie in der letzten Lernspirale mit einer Gruppe eine Überschrift formuliert haben. Sie schreiben zu diesen eine Einleitung und orientieren sich dabei an den Informationen des Ratgebers. Erzählschritte, Überschrift und Einleitung sind somit vorhanden. Im Laufe der Arbeit mit diesem Heft könnte so Stück für Stück eine vollständige Erzählung entstehen.
In der Gruppenarbeit des **4. Arbeitsschritts** lernen die Schüler zunächst die Methode der Fünf-Finger-Rückmeldung kennen. Dazu lesen sie die Anleitung. Auf der abgebildeten Hand ist jedem Finger ein Kriterium zugeordnet. Die Schüler lesen nacheinander ihre Einleitungen vor. Möchte ein Gruppenmitglied eine Rückmeldung geben, hebt es denjenigen Finger, zu dessen Kriterium er etwas sagen will. Die Schüler werden dadurch angehalten, sich gezielter zu den vorgetragenen Textteilen zu äußern.
Nachdem auf diese Weise alle Schüler der Gruppe eine Rückmeldung zu ihrer Einleitung erhalten haben, sollten sie diese noch einmal überarbeiten.
Im **5. Arbeitsschritt** tragen zwei ausgeloste Schüler ihre Ergebnisse im Plenum vor. Auch hier gibt die Klasse ein Feedback und bedient sich dabei wiederum der Methode der Fünf-Finger-Rückmeldung.

Notizen:

06 Gib mir fünf und fang an

A1 EA

Lies den Ratgeber zum Schreiben eines Erzählanfangs.
Notiere dir Fragen, wenn du etwas nicht verstehst.

Ratgeber zum Schreiben eines Erzählanfangs

Manchmal gestalten Schüler den Anfang ihrer Erzählung sehr langatmig. Wahrscheinlich haben sie Angst, dass sie den Aufsatz sonst nicht füllen können. Dabei reichen häufig schon ein bis zwei Sätze. In diesen legt man die Vorgeschichte kurz dar und kommt dann gleich zur eigentlichen Erzählung. Hier sollte man auf keinen Fall Umstände erwähnen, die mit der Geschichte nichts zu tun haben. Das ist langweilig. Spannender und lebendiger wird der Erzählanfang, wenn man gleich im ersten Satz wörtliche Rede benutzt. Zu guter Letzt sollte man darauf achten, dass man die sogenannten W-Fragen beantwortet. Schon am Anfang einer Erzählung sollte der Leser erfahren, **wer** beteiligt ist und **was, wann, wo,** eventuell auch **warum**, geschieht.

Meine Fragen:

A2 PA

Erläutert euch gegenseitig, worauf es beim Schreiben eines Erzählanfangs ankommt. Besprecht eure Fragen. Lest noch einmal genau nach, wenn ihr keine Antwort auf eine Frage findet.

A3 EA

Schreibe nun einen Erzählanfang zu den Erzählschritten, die du mit einer Gruppe in Aufgabe A3 des Arbeitsblattes „Aufbauarbeit leicht gemacht" einem Aufbauschema zugeordnet hast. Eine passende Überschrift habt ihr ja schon formuliert.

Wichtig!!!
Bewahre den Erzählanfang gut auf. Du brauchst ihn später noch.

EA = Einzelarbeit
PA = Partnerarbeit
GA = Gruppenarbeit
PL = Plenum

A4 GA

Lest die Anleitung für die „Fünf-Finger-Rückmeldung". Diese Methode hilft euch dabei, eure Erzählanfänge zu besprechen und eventuell zu überarbeiten. Stellt sicher, dass alle Gruppenmitglieder die Anleitung verstanden haben. Jetzt liest jeder seinen Erzählanfang vor. Anschließend führt ihr die „Fünf-Finger-Rückmeldung" durch.

Anleitung für die Fünf-Finger-Rückmeldung

- Auf den Fingern der Hand findet ihr fünf Kriterien, die man beim Schreiben eines Erzählanfangs beachten sollte.
- Nachdem ein Schüler seinen Erzählanfang vorgelesen hat, sollt ihr ihm rückmelden, welche Kriterien er beachtet hat und welche nicht.
- Dazu hebt ihr den Finger mit dem Kriterium, zu dem ihr etwas sagen möchtet. Nachdem der Schüler euch drangenommen hat, gebt ihr ihm die entsprechende Rückmeldung.

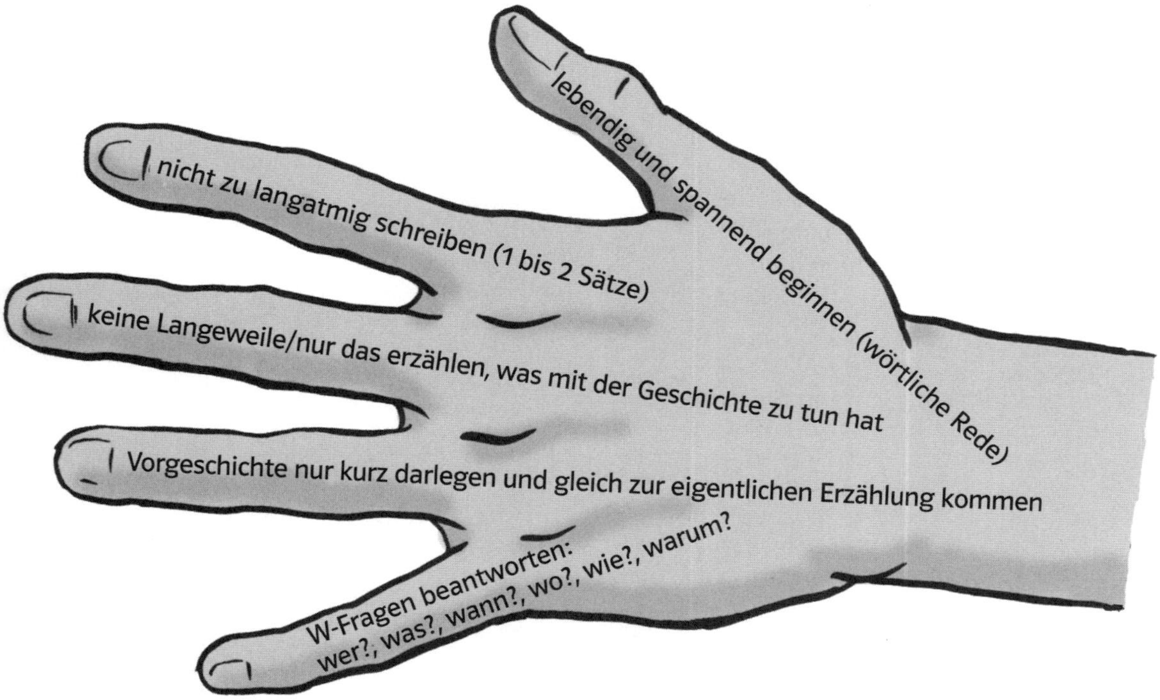

EA = Einzelarbeit
PA = Partnerarbeit
GA = Gruppenarbeit
PL = Plenum

Merkmale der Erlebnissprache an Stationen erarbeiten

		Zeit	Lernaktivitäten	Material	Kompetenzen
1	EA	10′	S informieren sich über die Themen der Stationen. Sie lesen die einzelnen Stationsüberschriften und die dazugehörenden Infokästen.	M1.A1 (Station 1 – 4)	– textsortenspezifische Merkmale kennen – Formen einfacher sprachlicher Bilder kennen – Wortfelder kennen – Leistungen von Verben und Adjektiven erkennen – Strukturmerkmale (Variation der Wortwahl, Gefühlsbeschreibungen) einer Erzählung kennen – Grundregeln der Zeichensetzung (Zeichen der wörtlichen Rede) kennen
2	GA/ PA	120′	S entscheiden im Tandem oder in der Gruppe, mit welcher Station sie beginnen. Sie lesen die Arbeitsaufträge, klären Verständnisfragen und lösen die Aufgaben.	M1.A2 (Station 1 – 4), M2 bis M11	
3	PL	40′	Pro Station präsentiert je eine ausgeloste Gruppe ihre Ergebnisse. Feedback durch S und L.		

Erläuterungen zur Lernspirale

Ziel der vier Unterrichtsstunden ist es, einige Merkmale der Erlebnissprache an Stationen zu erarbeiten und in Übungen anzuwenden. Die Schüler lernen sprachliche Mittel kennen, die es ihnen ermöglichen, eine Erzählung lebendiger zu gestalten. Zu den behandelten Merkmalen gehören:

- die wörtliche Rede
- das anschauliche Darstellen von Gefühlen durch bildhafte Wendungen
- die Verwendung ausdrucksstarker Adjektive
- die Verwendung treffender und abwechslungsreicher Verben (u. a. Wortfeldarbeit)

Zur Bearbeitung jeder Station sind durchschnittlich 30 Minuten berechnet worden. Dieser Zeitansatz muss an das Leistungsniveau der jeweiligen Lerngruppe angepasst werden.

Zum Ablauf im Einzelnen:
Im **1. Arbeitsschritt** verschaffen sich die Schüler zunächst einen Überblick über das Thema und die Lerninhalte der einzelnen Stationen. Eventuell auftauchende Fragen können hier geklärt werden.
Die Stationsarbeit des **2. Arbeitsschritts** sollte so organisiert werden, dass die Schüler an ihren Plätzen arbeiten können. Der Aufgabenzettel und die Materialien jeder einzelnen Station müssen aus diesem Grund in der Anzahl der vorhandenen Tandems und Gruppen kopiert werden. Im Verlauf der Arbeitsphase holen sich die Schüler die Materialien an ihren Tisch und bearbeiten sie dort. Zu überlegen ist, ob die Lösungsblätter ebenfalls an den Stationen ausgelegt werden. Hier kommt es darauf an, wie routiniert die Schüler im selbstgesteuerten Lernen sind und inwieweit sie es gewohnt sind, Verantwortung für ihren eigenen Lernprozess zu übernehmen. Alternativ könnten die Lösungen auch am Lehrertisch deponiert werden, sodass nicht einfach abgeschrieben werden kann. Eine Möglichkeit zur Selbstkontrolle sollte den Schülern auf jeden Fall gegeben werden.
Ob die Schüler im Tandem oder in einer Vierergruppe arbeiten, kann ihnen freigestellt werden. Eine lehrergesteuerte Zuordnung einzelner Schüler zu einem bestimmten Partner oder einer Gruppe ist dann sinnvoll, wenn es in der Klasse Schüler mit einem eher niedrigen Leistungsvermögen gibt (z. B. Migrationshintergrund → schlechte Deutschkenntnisse). Die einzelnen Stationen sind selbsterklärend, sodass an dieser Stelle auf weitere Erläuterungen verzichtet werden kann.
Im **3. Arbeitsschritt** präsentieren vier ausgeloste Tandems bzw. Gruppen die Ergebnisse je einer Station. Da Lösungsblätter zu den Stationen vorhanden sind, geht es hier nicht mehr um die Richtigkeit der Ergebnisse. Stattdessen wird thematisiert, was man an den einzelnen Stationen erledigen musste, was man dadurch lernen konnte und wo es noch offene Fragen oder weiteren Übungsbedarf gibt.

Zuordnung der Materialien zu den einzelnen Stationen:
Station 1: M2–M4 **Station 3: M7–M8**
Station 2: M5–M6 **Station 4: M9–M11**

✓ Merkposten

- Aufgabenzettel und Materialien (M2 bis M10) kopieren.
- Wortsuchspiel (M11) auf Folie kopieren.
- grüner, gelber, weißer Karton
- Folienstifte

Lösung zu LS 07.M10

watscheln, huschen, stolzieren, waten, humpeln, spurten, eilen, laufen, fahren, trotten, bewegen, stürzen, stampfen, stiefeln, jagen, schleichen, spazieren, reisen, hasten, springen, wandern, schlendern, stelzen, traben, stapfen, hinken, gleiten, wandern, schreiten, (sich) begeben, bummeln, pilgern, treten, latschen, strolchen, schlurfen

07 Sprache zum Erleben – Erlebnissprache

Wer etwas so Beeindruckendes erlebt hat, dass er es anderen mitteilen will, erzählt besonders lebendig und wählt die Erlebnissprache. In der folgenden Stationenarbeit kannst du lernen, worauf es dabei besonders ankommt.

A1 EA

Informiere dich zunächst, worum es an den einzelnen Stationen geht. Lies dazu die Überschriften und die besonders umrahmten Infotexte.

A2 PA / GA

Lest zu jeder Station die Aufgabenblätter und stellt sicher, dass ihr alles versteht. Bearbeitet die Stationen gemeinsam und notiert die Ergebnisse.

Station 1: Wörtliche Rede

Wenn ein Aufsatz **lebendig** wirken soll, dann sollten die darin vorkommenden Personen sprechen. Dazu benötigt man die **wörtliche Rede**.

EA = Einzelarbeit
PA = Partnerarbeit
GA = Gruppenarbeit
PL = Plenum

Station 2: Gefühle darstellen

Der Leser einer Erzählung sollte mit den darin vorkommenden Personen **mitfühlen** können. Deshalb müssen **Gefühle anschaulich dargestellt** werden. Dazu ist es nötig, die innere Situation, in der sich die handelnden Personen befinden, möglichst genau zu zeigen.

Gefühl	**Ausdruck/Wendung**
Liebe	alles durch eine rosarote Brille sehen

Liebe:
Ich hatte mich so unsterblich in Maike verliebt, dass ich die Welt durch eine rosarote Brille sah.

Angst:

Überraschung:

Freude:

Ärger:

Ekel:

Langeweile:

Trauer:

Wut:

_______________:

Station 3: Ausdrucksstarke Adjektive

Damit eine Erzählung **lebendig** wird, sollte man Personen, Räumlichkeiten, Landschaften und Gegenstände so beschreiben, dass der Leser sich eine genaue Vorstellung davon machen kann. Dazu verwendet man **ausdrucksstarke Adjektive oder Partizipien**.

Klett-Archiv

Wie sehen die Einzelheiten des Bildes aus?

Nomen	Adjektiv/Partizip	Vergleich
Wasser	glasklar	wie ...
Sand		
Palme		
Palmenblätter		
Wolken		

1. Das Wasser ist glasklar wie eine geputzte Fensterscheibe.
2.
3.
4.
5.

Wie fühlen sich Dinge an?

Nomen	Adjektiv/Partizip	Vergleich
Schwamm	kuschelig, weich	wie ein Kopfkissen

1. Der Schwamm ist kuschelig weich wie ein Kopfkissen.
2.
3.
4.
5.

Station 4: Treffende Verben

Benutzt man immer die gleichen einfachen Verben in einer Erzählung, dann wirkt diese schnell langweilig. Viel besser ist es, immer treffende und **abwechslungsreiche Verben** zu verwenden. Was damit gemeint ist, könnt ihr hier lernen.

Es klingelte an der Tür. Ich öffnete und vor mir stand Kerim. „Kommst du raus?", ______________________ er. „Nee, ich muss noch meine Hausaufgaben erledigen", ______________________ ich. „Ach los, komm doch mit!", ______________________ er. Schließlich gab ich nach und ______________________ leise: „Na gut, ich komme gleich." Doch als ich meine Jacke anzog, sah mich mein Vater. Er ______________________: „Hast du deine Hausaufgaben schon erledigt?" „Ich habe für morgen nichts auf", ______________________ ich und ging zur Tür hinaus.

Das Wortfeld „sagen"

Vergangenheit/ Präteritum	Grundform/ Infinitiv	Vergangenheit/ Präteritum	Grundform/ Infinitiv
erwiderte	erwidern		
fragte	fragen		
erkundigte sich	sich ...		

Aufgabenblatt zu Station 1

Station 1: Aufgabe

Aus den verschiedenen Streifen lässt sich eine spannende Erzählung zusammensetzen. Die weißen Teile enthalten den erzählenden Text, die grünen die wörtliche Rede und die Gedanken und die gelben die dazugehörenden Begleitsätze.

1. Setzt die Geschichte aus den Satzteilen zusammen. Eine besondere Rolle spielt dabei die wörtliche Rede. Achtet bei euerer Arbeit darauf, dass der Begleitsatz und die wörtliche Rede sinnvoll aneinandergefügt werden.
2. Kontrolliert euer Ergebnis mit dem Lösungsblatt. Legt dieses anschließend wieder weg.
3. Schreibt acht bis zehn Sätze des Hauptteils auf das Arbeitsblatt. Unterstreicht die wörtliche Rede grün und die Begleitsätze gelb.
4. Setzt anschließend die noch fehlenden Satzzeichen der wörtlichen Rede.
5. Vergleicht abschließend eure Zeichensetzung noch einmal mit der Lösung.

Lösungstext zu M4

LS 07.M3

Ein seltsames Erlebnis am Nachmittag

Es war an einem Sonntagnachmittag im Sommer. Ich saß in meinem Zimmer und wartete darauf, dass es Zeit wurde, zu meiner Oma zu fahren. Weil meine Eltern noch nicht ganz fertig waren, las ich zum Zeitvertreib in meinem Lieblingscomic Magicman.
Eigentlich hatte ich gar keine Lust, meine Oma zu besuchen und wäre viel lieber ins Freibad gefahren. Mürrisch starrte ich auf das Bild meines Comichelden. Plötzlich lächelte dieser mich an und fragte flüsternd: „Na, keine Lust, deine Oma zu besuchen?" „Nein, ich mag sie, aber heute ist so schönes Wetter", antwortete ich erstaunt. „Dann fahr doch einfach nicht mit", riet er mir, „ich werde dir helfen, du musst nur ganz fest die Augen schließen und warten, was passiert." Zweifelnd schloss ich langsam meine Augen und wartete ab. Lange Zeit geschah nichts. Doch als ich fast schon aufgeben wollte, hörte ich auf einmal, wie meine Eltern das Wohnzimmer verließen und an meinem Zimmer vorbei zur Wohnungstür gingen. Entschlossen kniff ich die Augen noch fester zusammen. Jetzt fiel die Wohnungstür ins Schloss und deutlich vernahm ich die Schritte meiner Eltern auf der Treppe. „Siehst du, sie fahren ohne dich", triumphierte Magicman. Ich stammelte verwundert: „Wow, das kann nicht sein." Ich saß wie angewurzelt auf dem Stuhl. „Gleich kommen sie zurück, um dich zu holen", schoss es mir durch den Kopf. Die Spannung war nun unerträglich. Ich wollte zum Fenster schleichen, um nachzusehen, ob sie wirklich ohne mich fahren. Doch Magicman flüsterte mir zu: „Bleib sitzen, du musst dich ruhig verhalten." Ungeduldig rutschte ich auf meinem Stuhl hin und her und dachte schon an das herrlich kühle Wasser im Freibad. Als ich schließlich hörte, wie der Motor unseres alten Autos laut losröhrte, hielt ich es nicht mehr aus. „Hurra", platzte es aus mir heraus und ich sprang auf. Allerdings blieb mir nicht viel Zeit, um meine Freude zu genießen. Als ich die Augen wieder öffnete, stand mein Vater lächelnd in der Tür und stellte erstaunt fest: „Du scheinst dich ja mächtig auf Oma zu freuen. Bist du fertig? In fünf Minuten geht es los."

Bitte kopieren Sie die Textteile auf Papier oder Karton (entsprechend der angegebenen Farben). Schneiden Sie die einzelnen Streifen aus und legen Sie diese in einen Briefumschlag.

Erzählende Abschnitte (Bitte auf weißes Papier kopieren.)

Ein seltsames Erlebnis am Nachmittag.
Es war an einem Sonntagnachmittag im Sommer.
Ich saß in meinem Zimmer und wartete darauf, dass es Zeit wurde, zu meiner Oma zu fahren. Weil meine Eltern noch nicht ganz fertig waren, las ich zum Zeitvertreib in meinem Lieblingscomic Magicman.
Eigentlich hatte ich gar keine Lust, meine Oma zu besuchen und wäre viel lieber ins Freibad gefahren. Mürrisch starrte ich auf das Bild meines Comichelden.
Zweifelnd schloss ich langsam meine Augen und wartete ab. Lange Zeit geschah nichts.
Doch als ich fast schon aufgeben wollte, hörte ich auf einmal, wie meine Eltern das Wohnzimmer verließen und an meinem Zimmer vorbei zur Wohnungstür gingen.
Entschlossen kniff ich die Augen noch fester zusammen.
Jetzt fiel die Wohnungstür ins Schloss und deutlich vernahm ich die Schritte meiner Eltern auf der Treppe.
Ich saß wie angewurzelt auf dem Stuhl.
Die Spannung war nun unerträglich. Ich wollte zum Fenster schleichen, um nachzusehen, ob sie wirklich ohne mich fahren.
Ungeduldig rutschte ich auf meinem Stuhl hin und her und dachte schon an das herrlich kühle Wasser im Freibad. Als ich schließlich hörte, wie der Motor unseres alten Autos laut losröhrte, hielt ich es nicht mehr aus.
Allerdings blieb mir nicht viel Zeit, um meine Freude zu genießen.

Begleitsätze (Bitte auf gelbes Papier kopieren.)

Plötzlich lächelte dieser mich an und fragte flüsternd:
antwortete ich erstaunt.
riet er mir,
triumphierte Magicman.
Ich stammelte verwundert:
schoss es mir durch den Kopf.
Doch Magicman flüsterte mir zu:
platzte es aus mir heraus und ich sprang auf.
Als ich die Augen wieder öffnete, stand mein Vater lächelnd in der Tür und stellte erstaunt fest:

Wörtliche Rede (Bitte auf grünes Papier kopieren.)

Na, keine Lust, deine Oma zu besuchen
Nein, ich mag sie, aber heute ist so schönes Wetter
Dann fahr doch einfach nicht mit ... ich werde dir helfen, du muss nur ganz fest die Augen schließen und warten, was passiert
Siehst du, sie fahren ohne dich
Wow, das kann nicht sein
Gleich kommen sie zurück, um dich zu holen
Bleib sitzen, du musst dich ruhig verhalten
Hurra
Du scheinst dich ja mächtig auf Oma zu freuen. Bist du fertig? In fünf Minuten geht es los

Aufgabenblatt zu Station 2

Station 2: Aufgabe

1. Schreibt die Gefühle aus den Wolken in die linke Spalte der Tabelle auf eurem Arbeitsblatt. Ordnet anschließend jedem Gefühl jeweils einen Ausdruck/eine Wendung zu und schreibt diese in die rechte Spalte daneben.
2. Erfindet nun zu jedem Gefühl ganze Sätze, in denen ihr den Gefühlsbegriff und die entsprechende Wendung/den entsprechenden Ausdruck verarbeitet. Orientiert euch an dem Beispiel.
3. Lasst euch noch einen weiteren Satz zu einem Gefühl mit einer eigenen Wendung einfallen und schreibt diesen auf.

Angst **Liebe** **Freude** **Ekel** **Langeweile** **Wut**
Überraschung **Ärger** **Trauer**

mit erstickter Stimme sprechen • eiskalt den Rücken hinunter laufen • vor Wut platzen • puterrot anlaufen • kreidebleich werden • das Herz zerspringt fast • die Haare sträuben sich • sich grün und blau ärgern • einen Kloß im Hals spüren • weit aufgerissene Augen haben • strahlende Augen bekommen • etwas würgt im Hals • alles durch eine rosarote Brille sehen • vor sich hinstarren

mögliche Lösungen zu M5

LS 07.M6

Angst: Ich bekam Angst und es lief mir eiskalt den Rücken hinunter.

Liebe: Ich hatte mich so unsterblich in Maike verliebt, dass ich die Welt durch eine rosarote Brille sah.

Freude: Als ich das Geschenk sah, freute ich mich so sehr, dass mir fast das Herz zersprang.

Ekel: Der Anblick war so ekelig, dass es mich im Hals würgte.

Langeweile: Mir war langweilig und ich starrte die ganze Zeit vor mich hin.

Wut: Ich platzte beinahe vor Wut und lief puterrot an.

Überraschung: Überrascht und mit weit aufgerissenen Augen sah ich ihn an.

Ärger: Über diese Frechheit ärgerte ich mich grün und blau.

Trauer: Ich war so traurig, dass mir fast das Herz zersprang.

Aufgabenblatt zu Station 3

Station 3: Aufgabe

Auf dem Bild auf eurem Arbeitsblatt seht ihr Sand, eine Palme, Wasser und Wolken. Allerdings sieht ein Sandstrand nicht immer gleich aus. Auch der Wolkenhimmel und das Meer sehen überall auf der Welt und zu verschiedenen Zeiten anders aus. Jemandem, der das Bild nicht kennt, müsste man es genauer beschreiben. Geht dabei so vor:

1. Findet zu den jeweiligen Nomen ein möglichst passendes und ausdrucksstarkes Adjektiv oder Partizip (Beispiel: das **glasklare** Wasser; die **gezackten** Palmenblätter).
2. Zieht nun noch einen passenden Vergleich hinzu (Beispiel: Das Wasser ist **glasklar** wie eine **geputzte Fensterscheibe**).
3. Macht auf diese Weise deutlich, wie alle in der Tabelle des Arbeitsblattes aufgeführten Einzelheiten des Bildes genau aussehen. Formuliert anschließend zu jeder Einzelheit einen Satz.
4. Sucht euch verschiedene Gegenstände, die sich unterschiedlich anfühlen. Haltet euch die Augen zu und betastet nacheinander jeden einzelnen. Beschreibt, wie sich die Gegenstände anfühlen. Geht dabei so vor, wie ihr es bei dem Bild gemacht habt.

LS 07.M8 mögliche Lösungen zu M7

Wasser	glasklar	wie eine geputzte Fensterscheibe
Sand	fein	wie das Mehl zum Kuchenbacken
Palme	windschief	wie ein umgeknickter Mast
Palmenblätter	gezackt	wie aus Papier ausgeschnitten
Wolken	weiß	wie Sahnehäubchen

LS 07.M9 Aufgabenblatt zu Station 4

Station 4: Aufgabe

1. Lest euch den kurzen Textauszug durch. Sicherlich fällt euch auf, dass sich das Verb „sagen" ständig wiederholt. Das wirkt langweilig. Ersetzt „sagen" durch treffendere Verben aus dem Wortspeicher unter dem Text. Füllt dazu den Lückentext auf dem Arbeitsblatt aus.
2. Eine Liste von Verben mit ähnlicher Bedeutung nennt man „Wortfeld". Schreibt alle Verben des Wortfelds „sagen", die sich im Wortspeicher befinden, in die jeweils linke Spalte der Tabelle auf dem Arbeitsblatt. Diese Verben stehen in der Vergangenheit. Notiert in der jeweils rechten Spalte der Tabelle die Grundformen der Verben.
3. In dem Quadrat befinden sich insgesamt 36 Verben aus dem Wortfeld „gehen" (senkrecht/waagerecht). Sucht mindestens 20 Verben und markiert diese mit einem Textmarker. Legt anschließend auf einem Extrablatt eine ähnliche Tabelle an, wie sie auf dem Arbeitsblatt zum Wortfeld sagen abgebildet ist. Füllt diese mit den Verben des Wortfeldes „gehen" aus.
4. Schreibt auf einem Extrablatt das Wortfeld „sehen" auf. Sammelt dazu alle Wörter, die eine ähnliche Bedeutung wie das Verb „sehen" haben (z. B. schauen, glotzen, starren …).

Aufgabenblatt zu Station 4

Es klingelte an der Tür. Ich öffnete und vor mir stand Kerim. „Kommst du raus?", sagte er. „Nee, ich muss noch meine Hausaufgaben erledigen", sagte ich. „Ach los, komm doch mit!", sagte er. Schließlich gab ich nach und sagte leise: „Na gut, ich komme gleich." Doch als ich meine Jacke anzog, sah mich mein Vater. Er sagte: „Hast du deine Hausaufgaben schon erledigt?" „Ich habe für morgen nichts auf", sagte ich und ging zur Tür hinaus.

erwiderte – fragte – erkundigte sich – flüsterte – bettelte – log – klagte – prahlte – schimpfte – murmelte – jammerte – tadelte – brüllte – erklärte – erzählte – jubelte – stammelte – brummelte – berichtete – empfahl – riet – versicherte – stotterte – schwor

Wortsuchspiel auf Folie

LS 07.M11

Q	S	V	B	T	Z	U	W	A	T	S	C	H	E	L	N	D	F	G	W	R	S	A
L	J	K	U	I	Z	T	A	D	E	G	H	J	N	M	K	H	U	S	C	H	E	N
S	Q	W	F	E	R	**S**	**T**	**O**	**L**	**Z**	**I**	**E**	**R**	**E**	**N**	Y	X	P	V	U	B	N
A	S	D	W	Q	F	G	E	N	A	K	G	H	T	R	W	V	B	U	N	M	L	K
S	D	W	E	I	L	E	N	Q	U	S	J	T	K	L	D	B	F	R	L	P	Z	I
W	S	Q	X	C	F	G	D	T	F	A	H	R	E	N	K	E	J	T	L	E	Z	S
R	W	S	Q	S	Q	W	F	H	E	F	G	O	P	L	K	W	K	E	L	L	J	T
Q	W	S	T	A	M	P	F	E	N	M	S	T	I	E	F	E	L	N	R	N	D	Ü
X	C	P	F	G	R	W	K	J	L	I	O	T	H	J	U	G	M	N	G	F	W	R
M	J	A	G	E	N	J	K	S	C	H	L	E	I	C	H	E	N	O	P	K	J	Z
Q	W	Z	R	T	Z	U	H	G	T	R	Z	N	U	E	W	N	Q	A	G	H	T	E
W	E	I	Q	W	N	R	E	I	S	E	N	M	T	H	J	K	H	A	S	T	E	N
Q	W	E	R	A	Q	W	E	J	C	T	Z	U	R	Q	C	V	I	E	R	T	Z	U
S	P	R	I	N	G	E	N	Q	H	R	S	T	A	P	F	E	N	G	H	J	K	L
C	Q	E	W	D	V	B	N	M	L	H	T	F	B	R	T	Z	K	M	J	S	T	Z
H	Q	N	T	E	Z	U	I	O	E	R	E	F	E	W	Q	T	E	M	N	T	B	V
R	G	H	G	L	E	I	T	E	N	Q	L	Z	N	P	W	A	N	D	E	R	N	P
E	Q	W	S	N	Q	W	R	T	D	R	Z	F	G	H	J	K	L	Ö	Ä	O	Z	P
I	A	S	D	F	G	B	E	G	E	B	E	N	T	Z	B	U	M	M	E	L	N	R
T	Y	X	C	V	B	N	T	M	R	H	N	J	K	L	I	U	Z	T	R	C	E	Q
E	J	K	P	I	L	G	E	R	N	L	I	U	J	H	L	A	T	S	C	H	E	N
N	Q	W	E	D	S	A	N	W	E	Q	G	T	Z	H	J	K	L	I	T	E	M	F
S	D	F	G	H	J	K	L	U	Z	T	R	S	C	H	L	U	R	F	E	N	L	K

Hauptteil und Höhepunkt spannungssteigernd ausarbeiten

		Zeit	Lernaktivitäten	Material	Kompetenzen
1	EA	10′	S ordnen die Erzählschritte der Randspalte dem Raster zu.	M1.A1	- Strukturmerkmale einer Erzählung (Spannungselemente) kennen - Erzählschritte einem Schema zuordnen - Gliederung (Schreibgerüst) erstellen - einen Schreibplan entwerfen - Folgerichtigkeit beim Erzählen beachten - kooperativ zusammenarbeiten - Präsentationstechniken nutzen - sprachlich angemessen vortragen
2	PA	10′	S vergleichen und diskutieren ihre Ergebnisse und korrigieren sich gegebenenfalls.	M1.A2	
3	EA	15′	S lesen die Erzählung, analysieren sie auf spannungssteigernde Elemente und unterstreichen diese.	M1.A3	
4	GA	30′	S vergleichen die Ergebnisse ihrer Analysen. Anschließend gestalten sie ein Plakat, auf dem alle spannungssteigernd wirkenden sprachlichen Elemente entlang eines „Spannungspfeils" aufgeführt sind.	M1.A4	
5	PL	15′	Eine ausgeloste Gruppe präsentiert ihr Ergebnis. Ergänzungen und Feedback durch S und L.		
6	HA		S schreiben den Hauptteil und den Höhepunkt zu den Erzählschritten, die sie in der vierten Lernspirale einem Aufbauschema zugeordnet haben. Zu diesen haben sie bereits eine Überschrift und eine Einleitung formuliert.	M1.A5, LS 04.M1.A3	

Erläuterungen zur Lernspirale

✓ **Merkposten**
- Losgegenstände
- Plakatpapier
- Moderationskarten
- Filzstifte
- Klebstoff
- Befestigungsmaterial

Ziel der Doppelstunde ist, zu erkennen, mit welchen Mitteln und Strategien sich der Hauptteil und der Höhepunkt einer Erzählung spannungssteigernd ausarbeiten lassen. LS 08 ist damit die Anwendung der in der Stationenarbeit der letzten Lernspirale erarbeiteten Merkmale der Erlebnissprache.
Sollte keine Doppelstunde zur Verfügung stehen, kann eine Zäsur nach dem dritten Arbeitsschritt erfolgen. Die Gruppenarbeit würde dann in der nächsten Stunde stattfinden.

Zum Ablauf im Einzelnen:
Im **1. Arbeitsschritt** ordnen die Schüler vorgegebene Erzählschritte der Einleitung, dem Hauptteil, dem Höhepunkt und dem Schluss einer Erzählung zu. Die Erzählschritte sind in der Randspalte des Arbeitsblattes abgedruckt. Die Schüler müssen jeden Erzählschritt genau lesen, um entscheiden zu können, zu welchem Teil er gehört. Dieser Arbeitsschritt dient somit auch der Wiederholung. Aufbauschema und Erzählschritte waren in den vorhergehenden Lernspiralen schon einmal Thema. Jedoch wird hier der Fokus mehr auf den Aspekt der Spannungssteigerung gerichtet.
Im **2. Arbeitsschritt** erhalten die Schüler die Gelegenheit, ihre Ergebnisse zu vergleichen und, falls nötig, zu korrigieren.
Die Beispielerzählung lesen die Schüler im **3. Arbeitsschritt** zunächst allein. Sie richten ihr Augenmerk auf sprachliche Elemente, die spannungssteigernd auf sie wirken. Sie achten dabei besonders auf die Darstellung der Gefühle des Ichs, den Gebrauch der Verben und Adjektive, die Äußerung von Gedanken und die verwendete wörtliche Rede. Es handelt sich durchweg um Elemente, die sie in der Stationenarbeit zur Erlebnissprache kennengelernt haben. Die Schüler unterstreichen alles, was auf sie spannungssteigernd wirkt.
Im **4. Arbeitsschritt** vergleichen die Schüler die Ergebnisse ihrer Untersuchungen. Anschließend visualisieren sie ihre Ergebnisse mit Hilfe eines Plakats, sie orientieren sich dabei an dem gezeigten Beispiel auf dem Arbeitsblatt. Hier empfiehlt es sich, alle spannungssteigernden Elemente auf Moderationskarten zu schreiben und diese später entlang eines aufsteigenden Pfeils zu platzieren.
Bei der Präsentation der Ergebnisse im **5. Arbeitsschritt** sollte Wert darauf gelegt werden, dass die Schüler begründen, warum sie welche sprachlichen Beispiele ausgewählt haben. Lehrer und Lerngruppe geben ein Feedback und ergänzen bei Bedarf.
In der **Hausaufgabe** des **6. Arbeitsschritts** sollen die Schüler nun einen eigenen Hauptteil mit Höhepunkt spannungssteigernd ausarbeiten. Dazu beziehen sie sich auf die Erzählschritte, zu denen sie schon eine Überschrift und eine Einleitung formuliert haben.

08 Die Spannung steigt

A1 EA

Die einzelnen Erzählschritte sollen so aufeinander aufbauen, dass die Spannung bis zum Höhepunkt steigt. Ordne die Erzählschritte aus der Randspalte dem Raster zu.

Einleitung

abends allein zu Hause; Eltern ausgegangen;
spät ins Bett gehen;
dunkles Kinderzimmer; nicht einschlafen können

Hauptteil mit Höhepunkt

____
____
____
____
____
____
____
____
____
____
____
____
____
____
____
____

Schluss

erleichtert wieder eingeschlafen;
in Zukunft Katze abends rauslassen

A2 PA

Vergleicht und diskutiert eure Ergebnisse und korrigiert euch gegenseitig.

Tipp

Schreibt zunächst mit Bleistift. So könnt ihr später einfacher korrigieren.

Achtet bei der Zuordnung der Erzählschritte darauf, dass die Spannung steigt.

Erzählschritte

- Richtung nicht erkennbar
- Licht an, Stille, Licht aus
- vielleicht unter dem Bett oder hinter dem Kleiderschrank
- Herzklopfen
- Schatten huscht durchs Zimmer
- Fußballpokal fällt klirrend zu Boden
- Rascheln und Kratzen
- deutlicheres Rascheln, merkwürdiges Röcheln
- Flucht aus dem Bett
- sich zusammenkauern auf dem Sofa, warten
- Eltern kommen zurück, alles erzählen
- Sturz gegen die Tür
- Berührung mit einem Tier
- Flucht ins Wohnzimmer
- Schrei
- zusammen ins Kinderzimmer, alles durchsuchen
- verängstigte Katze, versehentlich eingeschlossen

EA = Einzelarbeit
PA = Partnerarbeit
GA = Gruppenarbeit
PL = Plenum

A3 EA

Lies die Erzählung zu den Erzählschritten, die du eben den Teilen einer Erzählung zugeordnet hast. Untersuche, wie der Erzähler Spannung erzeugt hat. Achte dabei auf die Darstellung der Gefühle des Ichs und den Gebrauch von Verben und Adjektiven. Richte deine Aufmerksamkeit auch auf die Äußerung von Gedanken und die verwendete wörtliche Rede.
Unterstreiche alles, was auf dich spannungssteigernd wirkt.

Letzten Samstag gingen meine Eltern aus und ich blieb allein zu Hause. Nachdem ich noch einen Film gesehen hatte, legte ich mich spät ins Bett. In meinem Zimmer war es dunkel und ich konnte nicht gleich einschlafen. Plötzlich hörte ich ein leises Rascheln und Kratzen. „Was war das?", fragte ich mich ängstlich und meine Hände wurden feucht. Aus welcher Richtung die Geräusche kamen, konnte ich nicht erkennen. „Vielleicht ist etwas unter meinem Bett oder hinter dem Kleiderschrank". Ich verspürte einen Kloß im Hals, an dem ich fast erstickte. Langsam zog ich mir die Decke über den Kopf und hoffte, der Spuk würde bald aufhören. „Da, schon wieder. Was kann das bloß sein?" Das Rascheln, nun begleitet von einem unheimlichen Röcheln, wurde immer lauter. Ich bekam Herzklopfen und der Angstschweiß stand mir auf der Stirn. Ganz langsam und vorsichtig tastete ich mich zum Lichtschalter vor und knipste die Nachttischlampe an. Ängstlich blinzelnd schaute ich im Zimmer umher. Nichts! Auch die Geräusche waren nicht mehr zu hören. „Wahrscheinlich habe ich mich getäuscht", beruhigte ich mich und schaltete das Licht wieder aus. Stille! Doch plötzlich huschte ein unheimlicher Schatten durch den Raum und kurz darauf fiel mein Fußballpokal laut klirrend auf den Boden. „Hilfe!", schrie ich mit erstickter Stimme. Wie angestochen stürzte ich aus dem Bett und prallte mit voller Wucht gegen die Tür. Etwas Pelziges berührte mein Bein. Ich presste mich auf den Boden, drückte mich zwischen Tür und Rahmen und kroch, so schnell ich konnte, in unser Wohnzimmer. Dort kauerte ich mich auf das Sofa und wartete zitternd auf meine Eltern. Nach einer langen Zeit hörte ich endlich die Wohnungstür. Nachdem ich alles aufgeregt erzählt hatte, durchsuchten wir gemeinsam mein Zimmer. „Da ist dein pelziges Monster", lachte plötzlich mein Vater. Unter dem Schreibtisch saß verängstigt mein Kater Fridolin, der nachts eigentlich immer draußen ist. Heute hatte ich ihn versehentlich in meinem Zimmer eingesperrt.
Erleichtert und entspannt legte ich mich in mein Bett und schlief schon bald tief und fest ein. Von nun an achtete ich darauf, dass Fridolin abends auch wirklich rausgeht.

A4 GA

Vergleicht und diskutiert die Ergebnisse eurer Untersuchungen.
Gestaltet ein Plakat, auf dem ihr alle sprachlichen Elemente sammelt, die im Hauptteil spannungssteigernd wirken. Orientiert euch dabei an dem Beispiel unten.
Denkt daran, bei der Präsentation im Plenum eure Entscheidungen zu begründen.

Tipp
Ihr könnt einzelne Elemente auf Moderationskarten oder buntes Papier schreiben und anschließend auf das Plakat kleben. So könnt ihr euch die Arbeit besser aufteilen und Fehler schneller berichtigen.

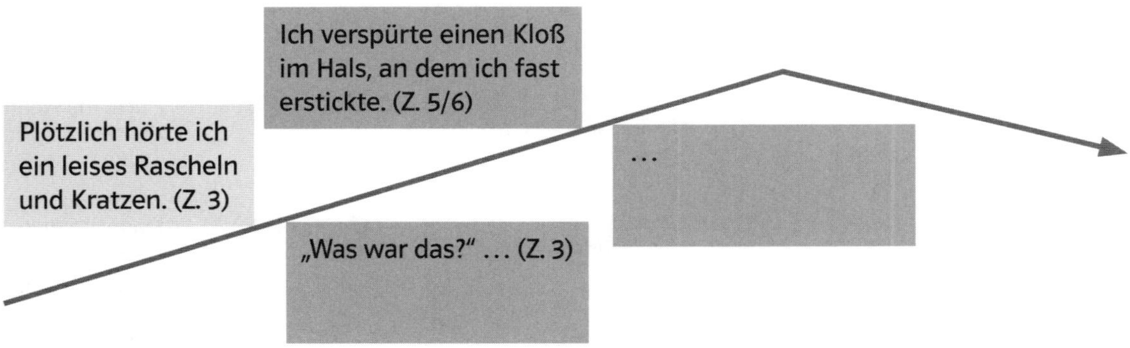

Wichtig!!!
Bewahre den Hauptteil und den Höhepunkt der Aufgabe A5 gut auf. Du brauchst sie später noch.

A5 EA

Auf dem Arbeitsblatt „Aufbauarbeit leicht gemacht" (LS 04) hast du mit einer Gruppe Erzählschritte einem Aufbauschema zugeordnet. Überprüfe die Zuordnung noch einmal unter dem Gesichtspunkt der Spannungssteigerung. Schreibe den Hauptteil und den Höhepunkt zu diesen Schritten. Verwende dabei sprachliche Elemente, die spannungssteigernd wirken. Denke auch an die Eigenschaften der Erlebnissprache. Überschrift und Einleitung hast du schon formuliert.

EA = Einzelarbeit
PA = Partnerarbeit
GA = Gruppenarbeit
PL = Plenum

Funktionen des Schlusses an Beispielen kennenlernen

		Zeit	Lernaktivitäten	Material	Kompetenzen
1	EA	5′	S lesen die Notizzettel und informieren sich, was der Schluss einer Erzählung leisten kann.	M1.A1	- Textaufbau (hier: Schluss) erfassen - Merkmale des Schlusses in die eigene Produktion aufnehmen können - sinnerfassend lesen - Informationen entnehmen - Schülerprodukte kriterienorientiert reflektieren - aufmerksam zuhören - eigene Meinung begründen - kooperativ zusammenarbeiten
2	PA	5′	S klären Verständnisfragen. Sie lesen den Schluss der Erzählung auf dem Arbeitsblatt (LS 08.M1.A3) und kreuzen an, was dieser leistet.	M1.A2, LS 08.M1.A3	
3	PA	10′	S schreiben zu der Erzählung auf dem Arbeitsblatt einen weiteren Schluss, der einer anderen Intention folgt.	M1.A3	
4	GA	10′	S vergleichen ihre Schlussvarianten und wählen eine aus, die präsentiert werden soll.	M1.A4	
5	PL	10′	Präsentation der Ergebnisse.		
6	HA		S schreiben einen Schluss zu der Erzählung, zu der sie in der letzten Aufgabe den Hauptteil und den Höhepunkt formuliert haben.	M1.A5, LS 08.M1.A5	

Erläuterungen zur Lernspirale

Ziel der Einzelstunde ist das Kennenlernen unterschiedlicher Möglichkeiten, wie der Schluss einer Erzählung gestaltet werden kann. Auf dem Arbeitsblatt werden hierzu vier mögliche Varianten vorgestellt:

1. Der Schluss gibt dem Leser einen Ausblick.
2. Der Schluss lässt die Hauptperson zurückdenken.
3. Der Schluss lässt die Hauptperson eine Schlussfolgerung ziehen.
4. Der Schluss überrascht den Leser.

Zum Ablauf im Einzelnen:
In der LS 04 haben die Schüler bereits Informationen zum Schluss einer Erzählung erhalten. Sie haben gehört, dass der Schluss eine abrundende Funktion hat und dass es unterschiedliche Möglichkeiten zu seiner Gestaltung gibt. Im **1. Arbeitsschritt** lernen die Schüler diese Möglichkeiten genauer kennen. Dazu lesen sie die abgedruckten Notizzettel. Anhand von Beispielen erfahren sie hier, was der Schluss einer Erzählung leisten kann.
Im **2. Arbeitsschritt** besprechen die Schüler die Informationen der Notizzettel und klären Verständnisfragen. Anschließend lesen und analysieren sie noch einmal den Schluss der auf dem Arbeitsblatt LS 08.M1.A3 abgedruckten Erzählung, entscheiden, was dieser leistet und kreuzen entsprechend auf dem Arbeitsblatt an. Der Satz *Von nun an achtete ich darauf, dass Fridolin abends auch wirklich rausgeht* macht deutlich, dass der Ich-Erzähler eine Schlussfolgerung aus seinem Erlebnis zieht.
Im **3. Arbeitsschritt** schreiben die Schüler einen alternativen Schluss zu der gleichen Erzählung. Dieser soll jedoch entweder einen Ausblick geben, den Ich-Erzähler zurückdenken lassen oder den Leser überraschen. Folgendes Ergebnis, in dem der Ich-Erzähler zurückdenkt, wäre beispielsweise denkbar: *Nun lag ich wieder in meinem Bett. Ich ließ mir noch einmal alles durch den Kopf gehen und musste dabei leise lachen. Dann schloss ich die Augen und schlief fest ein.*
In der Gruppe lesen die Schüler im **4. Arbeitsschritt** ihre Schlussvarianten vor. Sie äußern dabei auch, was der Schluss leisten soll. Die anderen Schüler melden zurück, ob die angegebene Intention erkennbar war. Ist dies nicht der Fall, können sie hier Verbesserungen vorschlagen. Abschließend wählt die Gruppe einen Schluss aus, der im Plenum präsentiert werden soll.
Im **5. Arbeitsschritt** werden die ausgewählten Schlüsse aller Gruppen von ihren Autoren vorgetragen. Ein Feedback erhalten sie von der gesamten Lerngruppe und dem Lehrer.

✓ **Merkposten**
- Losgegenstände

Notizen:

09 Zum guten Schluss

A1 EA

Du hast dich mit dem Aufbau einer Erzählung beschäftigt. Dabei hast du auch schon etwas über den Schluss erfahren. Lies die folgenden Notizzettel und informiere dich noch einmal darüber, was der Schluss einer Erzählung alles leisten kann.

Der Schluss kann einen Ausblick geben.
... Als ich ein Jahr später erneut auf die Insel kam, dachte ich mit einem Schmunzeln im Gesicht an mein Abenteuer zurück. Doch diesmal war ich gewarnt und beging diesen Fehler nicht noch einmal.

Der Schluss kann die Hauptperson zurückdenken lassen.
... Nun saß ich im Auto meines Vaters. Ich blickte noch einmal zum Leuchtturm, wo alles begonnen hatte. Dann schloss ich das Fenster und der Wagen setzte sich in Bewegung.

Der Schluss kann den Leser überraschen.
... Nun war alles überstanden. Erschöpft, aber glücklich lag ich in meinem Bett. Doch dann sah ich den flackernden Lichtschein an der Decke: Alles begann von vorn.

Der Schluss kann die Hauptperson eine Schlussfolgerung ziehen lassen.
... Meine Eltern riefen: „Da bist du ja!" Ich lief auf sie zu und umarmte sie fest. Mit Tränen in den Augen schluchzte ich: „So etwas Dummes mache ich bestimmt nicht noch einmal!"

A2 PA

Besprecht noch einmal die Informationen der Notizzettel. Lest nun den Schluss der Erzählung auf dem Arbeitsblatt „Die Spannung steigt". Überlegt gemeinsam, was dieser leistet und kreuzt an.

- ☐ Der Schluss gibt einen Ausblick.
- ☐ Der Schluss lässt die Hauptperson zurückdenken.
- ☐ Der Schluss lässt die Hauptperson eine Schlussfolgerung ziehen.
- ☐ Der Schluss überrascht den Leser.

A3 PA

Könnte die Erzählung auch anders enden?
Schreibt gemeinsam einen Schluss, der einem der vier Notizzettel entspricht.

____

____

____

A4 GA

Lest euch eure Schlüsse gegenseitig vor und macht Verbesserungsvorschläge. Wählt einen Schluss aus, der später im Plenum präsentiert werden soll.

EA = Einzelarbeit
PA = Partnerarbeit
GA = Gruppenarbeit
PL = Plenum

Das Präteritum als Zeitform der Erzählung erkennen

		Zeit	Lernaktivitäten	Material	Kompetenzen
1	EA	5′	S unterstreichen alle Verben in der Erzählung mit Bleistift.	M1.A1	- Wortarten kennen und funktional gebrauchen - grammatische Kategorien (Tempora) kennen und nutzen - Vorwissen anwenden - markieren - selektiv lesen - anschaulich über Arbeitsergebnisse informieren
2	PA	5′	S vergleichen, korrigieren und ergänzen ihre unterstrichenen Wörter.	M1.A2	
3	PA	10′	S markieren alle Verben im Präteritum mit einem Textmarker.	M1.A3	
4	GA	15′	S vergleichen, korrigieren und ergänzen ihre markierten Verben und schreiben diese auf Karten.	M1.A4	
5	PL	5′	Eine ausgeloste Gruppe präsentiert ihre Karten an der Tafel. S und L ergänzen und korrigieren.		

Erläuterungen zur Lernspirale

Ziel der Einzelstunde ist, das Präteritum, das als bekannt vorausgesetzt wird, als vorherrschende Zeitform der Erzählung zu erkennen.
Der Zeitansatz der Einzelstunde ist knapp bemessen. Schwächere Lerngruppen benötigen eine Doppelstunde oder eine zweite Einzelstunde.

Zum Ablauf im Einzelnen:
Das Unterstreichen der Verben im **1. Arbeitsschritt** dient zunächst dazu, die Aufmerksamkeit der Schüler auf diese Wortart zu lenken. Es ist zu erwarten, dass lernschwächere Schüler Verben schwer erkennen. Für diesen Fall stehen in der Randspalte des Arbeitsblattes einige Erläuterungen zur Verfügung. Der Lehrer sollte die Schüler auffordern, bei Fragen selbstständig in der Grammatik oder im Sprachbuch nachzuschlagen.
Im **2. Arbeitsschritt** vergleichen und korrigieren die Tandems ihre unterstrichenen Wörter. Sie schauen sich diese dann im **3. Arbeitsschritt** noch einmal unter dem Aspekt des Tempus an und markieren mit einem Textmarker alle Verben, die im Präteritum stehen. Bei Unsicherheiten bezüglich der Zeitform kann noch einmal in der Randspalte, der Grammatik oder im Sprachbuch nachgelesen werden. Die farbliche Hervorhebung aller Präteritumverben verdeutlicht den Schülern optisch, dass die Mehrzahl der Verben der Erzählung in dieser Zeitform stehen.
Die Markierungen werden in Zufallsgruppen im **4. Arbeitsschritt** zunächst wieder verglichen, diskutiert und bei Bedarf korrigiert. Die Schüler schreiben die Verben auf Karten, bei denen sich alle Gruppenmitglieder einig sind, dass sie im Präteritum stehen.
Im **5. Arbeitsschritt** wird eine Gruppe ausgelost, die ihre Karten präsentiert. Diese werden an die Tafel gehängt. Im Plenum ergänzen die Schüler die Präteritumverben, die noch nicht an der Tafel hängen, oder sie äußern Kritik an solchen, die falsch sind. Gewinn dieser Präsentation ist die Feststellung, dass die Mehrzahl der Verben der Erzählung im Präteritum steht; dies also die Zeitform ist, in der Erzählungen geschrieben werden.
An dieser Stelle sei auf das Klippert-Heft „Berichten/Zeitformen des Verbs“ verwiesen. Im Sinne einer integrativen Grammatik lässt sich das Thema der zehnten Lernspirale mit dem zweiten Teil „Zeitformen des Verbs“ vertiefen und ausweiten.

✓ **Merkposten**
- Losgegenstände
- Textmarker
- Moderationskarten
- dicke Filzstifte
- Befestigungsmaterial

Notizen:

10 Zurück in die Vergangenheit

Letzten Samstag gingen meine Eltern aus und ich blieb allein zu Hause. Nachdem ich noch einen Film gesehen hatte, legte ich mich spät ins Bett. In meinem Zimmer war es dunkel und ich konnte nicht gleich einschlafen.
Plötzlich hörte ich ein leises Rascheln und Kratzen. „Was war das?", fragte ich mich ängstlich und meine Hände wurden feucht. Aus welcher Richtung die Geräusche kamen, konnte ich nicht erkennen. „Vielleicht ist etwas unter meinem Bett oder hinter dem Kleiderschrank". Ich verspürte einen Kloß im Hals, an dem ich fast erstickte. Langsam zog ich mir die Decke über den Kopf und hoffte, der Spuk würde bald aufhören. „Da, schon wieder. Was kann das bloß sein?" Das Rascheln, nun begleitet von einem unheimlichen Röcheln, wurde immer lauter. Ich bekam Herzklopfen und der Angstschweiß stand mir auf der Stirn. Ganz langsam und vorsichtig tastete ich mich zum Lichtschalter vor und knipste die Nachttischlampe an. Ängstlich blinzelnd schaute ich im Zimmer umher. Nichts! Auch die Geräusche waren nicht mehr zu hören. „Wahrscheinlich habe ich mich getäuscht", beruhigte ich mich und schaltete das Licht wieder aus. Stille! Doch plötzlich huschte ein unheimlicher Schatten durch den Raum und kurz darauf fiel mein Fußballpokal laut klirrend auf den Boden. „Hilfe!", schrie ich mit erstickter Stimme. Wie angestochen stürzte ich aus dem Bett und prallte mit voller Wucht gegen die Tür. Etwas Pelziges berührte mein Bein. Ich presste mich auf den Boden, drückte mich zwischen Tür und Rahmen und kroch, so schnell ich konnte, in unser Wohnzimmer. Dort kauerte ich mich auf das Sofa und wartete zitternd auf meine Eltern. Nach einer langen Zeit hörte ich endlich die Wohnungstür. Nachdem ich alles aufgeregt erzählt hatte, durchsuchten wir gemeinsam mein Zimmer. „Da ist dein pelziges Monster", lachte plötzlich mein Vater. Unter dem Schreibtisch saß verängstigt mein Kater Fridolin, der nachts eigentlich immer draußen ist. Heute hatte ich ihn versehentlich in meinem Zimmer eingesperrt.
Erleichtert und entspannt legte ich mich in mein Bett und schlief schon bald tief und fest ein. Von nun an achtete ich darauf, dass Fridolin abends auch wirklich rausgeht.

INFO

Verben
Verben drücken aus, was geschieht oder was jemand tut. Verben haben verschiedene Personalformen:
Infinitiv: gehen
1. Person: ich gehe
2. Person: du gehst
3. Person: er, sie, es geht
usw.

Präteritum
Wenn man über Vergangenes schriftlich berichtet, dann verwendet man die Verben meist im Präteritum: ich lief; sie schrieb; wir gingen.

Perfekt
Erzählt man über Vergangenes mündlich, so verwendet man die Verben meist im Perfekt: ich bin gelaufen; sie hat geschrieben; wir sind gegangen.

A1 EA

Diese Erzählung hast du schon einmal gelesen.
Unterstreiche alle Verben mit einem Bleistift.

A2 PA

Vergleicht eure unterstrichenen Wörter. Korrigiert und ergänzt eure Unterstreichungen.

A3 PA

Schaut euch die Verben der Erzählung nun noch einmal genauer an. Die meisten von ihnen stehen im Präteritum. Markiert alle Verben, die in dieser Zeitform stehen, mit einem Textmarker.

A4 GA

Vergleicht eure Markierungen. Habt ihr wirklich nur die Verben markiert, die im Präteritum stehen? Schreibt jedes Verb, bei dem ihr euch sicher seid, auf eine Karte. Die Karten sollt ihr anschließend im Plenum präsentieren.

Tipp

Wenn du nicht mehr genau weißt wie man Verben erkennt, dann schlage in deiner Grammatik oder in deinem Sprachbuch nach.

Ausführliche Informationen zum Präteritum findest du im Klippert-Schülerheft „Berichten/Zeitformen des Verbs".

EA = Einzelarbeit
PA = Partnerarbeit
GA = Gruppenarbeit
PL = Plenum

Eine Checkliste für eine gute Erzählung erarbeiten

		Zeit	Lernaktivitäten	Material	Kompetenzen
1	EA	10′	S blättern noch einmal die Arbeitsblätter durch und tragen auf einem Notizzettel alle Punkte zusammen, die für das Schreiben einer Erzählung wichtig sind.	M1.A1	- Kriterien der Textüberarbeitung kennen und nutzen - Strukturmerkmale einer Erzählung kennen - Texte inhaltlich und sprachlich überarbeiten - Informationen zusammenfassen - Präsentationsformen und -techniken auswählen und anwenden - kooperativ zusammenarbeiten - anschaulich über Arbeitsergebnisse informieren
2	PA	15′	S vergleichen ihre gesammelten Punkte. Entsprechend des Musters legen sie eine Checkliste an.	M1.A2, M2–M4	
3	GA	30′	S vergleichen, ergänzen und korrigieren ihre Checklisten. Sie wählen eines der vorgeschlagenen Lernprodukte und bereiten eine entsprechende Präsentation vor.	M1.A3	
4	PL	30′	Zu jedem gewählten Lernprodukt präsentiert eine ausgeloste Gruppe ihre Ergebnisse.		
5	HA		S überarbeiten mit Hilfe der Checkliste ihre eigene Erzählung, die im Laufe der Arbeit zum Thema entstanden ist.		

Erläuterungen zur Lernspirale

Ziel der Doppelstunde ist, dass die Schüler ihr bislang erworbenes Wissen zum Thema Erzählung reflektieren. Sie entwickeln einen Kriterienkatalog (Checkliste), mit dessen Hilfe sie eigene Erzählungen überprüfen und bei Bedarf überarbeiten können.

In schwächeren Lerngruppen empfiehlt es sich, auf das angebotene Differenzierungsmaterial zurückzugreifen. Steht keine Doppelstunde zur Verfügung, könnte die Gruppenarbeit des dritten Arbeitsschritts unterbrochen und in der nächsten Stunde weitergeführt werden.

Zum Ablauf im Einzelnen:

Im **1. Arbeitsschritt** sollen die Schüler zunächst alleine die inhaltliche Arbeit der vorangegangenen Lernspiralen resümieren. Unter der Fragestellung *Was ist beim Verfassen einer Erzählung zu beachten?* blättern sie dazu noch einmal alle vorhergehenden Arbeitsblätter durch und tragen auf einem Notizzettel ihnen wichtig erscheinende Punkte zusammen. Dazu können auch die Arbeitsergebnisse, die auf Plakaten, Folien und Extrazetteln festgehalten wurden, herangezogen werden. Idealerweise liegen diese in Form einer Fotodokumentation jedem Schüler vor. In dieser Arbeitsphase kommt es noch nicht darauf an, die Informationen zu ordnen oder zu strukturieren. Vielmehr soll eine Sammlung entstehen, die eine Grundlage für die weitere Arbeit bildet.

In der Partnerarbeit des **2. Arbeitsschritts** vergleichen die Schüler ihre gesammelten Punkte und ergänzen sich gegebenenfalls. Anschließend legen sie ein Formular nach dem vorgegebenen Muster an und ordnen die Inhalte ihrer Notizzettel den Teilüberschriften zu. Schwächeren Lerngruppen oder einzelnen Schülern können hier auch die Differenzierungsmaterialien M2 und M3 angeboten werden. Jedoch sollte auch in diesem Fall auf den ersten Arbeitsschritt nicht verzichtet werden. Allerdings müssten die Punkte der eigenen Notizzettel mit denen von M3 abgeglichen werden. Diese werden dann direkt in das Formular M2 eingetragen. Möglich ist es auch, das Formular nur als Vorlage zu zeigen – z. B. über einen Overheadprojektor – und von den Schülern übernehmen zu lassen. Hierbei liegt ein Hauptaugenmerk auf Blattaufteilung, Struktur und Sauberkeit.

Im **3. Arbeitsschritt** erhalten die Schüler die Aufgabe, zu erläutern, was beim Schreiben einer Erzählung zu beachten ist. Hierzu werden ihnen verschiedene Lernprodukte bzw. Präsentationsformen zur Auswahl gestellt. Diese sind nur als Beispiele zu sehen und können durchaus ausgetauscht werden. Hier kommt es darauf an, was den Schülern schon bekannt ist und wo Routinen vorhanden sind. In ungeübteren Klassen wäre es auch denkbar, nur ein oder zwei Lernprodukte anzubieten, wobei es sich empfiehlt, die Themen „Talkshow" und „Gedicht" davon auszunehmen.

Präsentiert werden die Ergebnisse der Gruppenarbeit im **4. Arbeitsschritt**. Zu jedem Lernprodukt sollte es dabei mindestens eine Präsentation geben. Entscheidend ist, dass die Ergebnisse von den Schülern mit Hilfe der erarbeiteten Checkliste reflektiert werden.

Als **Hausaufgabe** erhalten die Schüler im **5. Arbeitsschritt** den Auftrag, ihre eigenen Erzählungen, die in den vorangegangenen Lernspiralen Schritt für Schritt entstanden sind, kriterienorientiert zu überarbeiten. Auch hier hilft ihnen die erarbeitete Checkliste.

✓ Merkposten

- Kopien von M2 und M3 nach Bedarf
- Plakatpapier
- Filzstifte
- Befestigungsmaterial
- Losgegenstände

11 Punkt für Punkt zur guten Erzählung

A1 EA

In den zurückliegenden Stunden hast du dich mit dem Thema Erzählung beschäftigt. Blättere noch einmal alle Arbeitsblätter langsam durch. Trage auf einem Notizzettel alle Punkte zusammen, die für das Verfassen einer Erzählung wichtig sind. Diese können zum Beispiel den Aufbau, den Inhalt oder die sprachliche Gestaltung betreffen. Auch die zum Schreiben einer Erzählung notwendigen Vorarbeiten kannst du hier nennen (z. B. Ideen sammeln und clustern, Erzählschritte ordnen …).

A2 PA

Vergleicht eure Ergebnisse. Ergänzt, was fehlt. Legt ein Blatt nach dem Muster unten an. Sortiert eure gesammelten Notizen entsprechend der Teilüberschriften und schreibt diese auf das Blatt. So entsteht eine Checkliste zum Schreiben einer Erzählung.

Checkliste: Erzählung

Vorarbeiten:

____

____

Aufbau und Inhalt:

____

____

____

____

____

____

sprachliche Gestaltung:

____

____

____

____

A3 GA

Vergleicht eure Checklisten. Ergänzt und korrigiert, wenn nötig. Erläutert nun möglichst ausführlich und genau, wie man eine Erzählung schreibt. Beachtet dabei Fragen zum Vorgehen, zum Aufbau, zum Inhalt, zur sprachlichen Gestaltung und alles, was euch sonst noch wichtig erscheint. Wählt dazu eine von mehreren Präsentationsmöglichkeiten. Ihr könnt:

- ein Lernplakat gestalten, mit dessen Hilfe ihr einen Vortrag haltet
- einen Rap schreiben, in dem ihr alle wichtigen Informationen verarbeitet
- ein Rollenspiel aufführen; ein Schüler bekommt Nachhilfe zum Thema Erzählung
- eine schriftliche Anleitung zum Thema „Wie man eine Erzählung schreibt" verfassen
- eine Talkshow spielen, in der ein Moderator mehrere Experten zum Thema Erzählung befragt
- ein Gedicht verfassen, in dem erläutert wird, wie man eine Erzählung schreibt.

A4 EA

Während der Arbeit an dem Thema Erzählen hast du Schritt für Schritt eine eigene Erzählung geschrieben. Überprüfe und überarbeite diese mit Hilfe der Checkliste.

EA = Einzelarbeit
PA = Partnerarbeit
GA = Gruppenarbeit
PL = Plenum

Muster-Formular für eine Checkliste

Checkliste: Erzählung

Vorarbeiten:

- ______
- ______
- ______
- ______

Aufbau und Inhalt:

Überschrift:

- ______
- ______
- ______
- ______

Einleitung:

- ______
- ______
- ______
- ______

Hauptteil mit Höhepunkt:

- ______
- ______
- ______
- ______
- ______
- ______
- ______

Schluss:

- ______
- ______
- ______
- ______
- ______
- ______

sprachliche Gestaltung:

- ______
- ______
- ______
- ______

Sonstiges:

- ______
- ______

Differenzierungsmaterial

Ordne die Punkte der Checkliste zu!

ist aussagekräftig – der Höhepunkt bringt das Wesentliche so, dass man es gerne liest, auch wenn das Ereignis nicht spannend ist – erweckt Spannung und Neugier – Darstellung von Gedanken, Gefühlen, Gerüchen … – Ideen sammeln, gliedern und verknüpfen (Ideennetz, Cluster) – überrascht – lebendige Sprache (wörtliche Rede, bildliche Vergleiche, Ausrufe und Fragesätze …) – lässt die Hauptperson zurückdenken – treffende, abwechslungsreiche Verben – Erzählschritte spannungssteigernd anordnen – Erzählschritte ordnen, Erzählplan zurechtlegen – Schritt für Schritt zum Höhepunkt hinführen – Rechtschreibung und Zeichensetzung korrigieren – Reinschrift anfertigen – lässt die Hauptperson schlussfolgern – W-Fragen beachten (Wer?, Was?, Wann?, Wo?, Warum?) – Vorgeschichte kurz darlegen – Ideen in Erzählschritte umsetzen – trifft das Wesentliche der Erzählung – Aufbau erfolgt in Erzählschritten – löst die Spannung auf – im Präteritum erzählen – auf ein Ereignis beschränken – Vorschrift anfertigen – verrät nicht schon zu viel – längster Teil – kurz – gibt einen Ausblick – zur Erzählung hinführen – ausdrucksstarke Adjektive

LS 11.M4

Lösung und Muster für eine Checkliste

Checkliste: Erzählung

Vorarbeiten:
- Ideen sammeln, gliedern und verknüpfen (Ideennetz, Cluster)
- Ideen in Erzählschritte umsetzen
- Erzählschritte ordnen, Erzählplan zurechtlegen
- Vorschrift anfertigen
- …

Aufbau und Inhalt:

Überschrift:
- trifft das Wesentliche der Erzählung
- erweckt Spannung und Neugier
- verrät nicht schon zu viel
- ist aussagekräftig
- …

Einleitung:
- W-Fragen beachten (Wer?, Was?, Wann?, Wo?, Warum?)
- zur Erzählung hinführen
- Vorgeschichte kurz darlegen
- …

Hauptteil mit Höhepunkt:
- auf ein Ereignis beschränken
- Aufbau erfolgt in Erzählschritten
- Erzählschritte spannungssteigernd anordnen
- Schritt für Schritt zum Höhepunkt hinführen
- längster Teil
- Darstellung von Gedanken, Gefühlen, Gerüchen …
- der Höhepunkt bringt das Wesentliche so, dass man es gerne liest, auch wenn das Ereignis nicht spannend ist
- …

Schluss:
- löst die Spannung auf
- gibt einen Ausblick
- kurz
- lässt die Hauptperson zurückdenken
- überrascht
- lässt die Hauptperson schlussfolgern
- …

sprachliche Gestaltung:
- treffende, abwechslungsreiche Verben
- ausdrucksstarke Adjektive
- lebendige Sprache (wörtliche Rede, bildliche Vergleiche, Ausrufe und Fragesätze …)
- im Präteritum erzählen
- …

Sonstiges:
- Rechtschreibung und Zeichensetzung korrigieren
- Reinschrift anfertigen
- …

Eine Erzählung kriterienorientiert schreiben

		Zeit	Lernaktivitäten	Material	Kompetenzen
1	EA	60′	S betrachten die Bilder, sammeln Ideen und schreiben eine Erzählung. Dabei gehen sie so vor, wie es in den vorangegangenen Lernspiralen besprochen wurde.	M1.A1	- eine Erzählung kriterienorientiert verfassen - Stoffsammlung/Schreibplan erstellen - Schreibkonferenz durchführen - Kriterien der Überarbeitung kennen und nutzen - Texte inhaltlich und sprachlich überarbeiten - Selbsteinschätzungen nutzen
2	GA	30′	S überarbeiten in einer Schreibkonferenz unter Berücksichtigung ihrer Checklisten ihre Erzählungen.	M1.A2	
3	EA	20′	S schätzen mit Hilfe des Kompetenzrasters ihren Lernstand zum Thema ein.	M1.A3	
4	PA	15′	S erläutern sich ihre Selbsteinschätzungen und erörtern gemeinsam, wie geübt werden könnte.	M1.A4	
5	HA		S schreiben ihre Erzählung in Reinschrift noch einmal ab.		

Erläuterungen zur Lernspirale

Ziel der drei Stunden ist, dass die Schüler selbstständig eine Erzählung schreiben und dabei alle in den vorangegangenen Lernspiralen erarbeiteten Kriterien berücksichtigen. Anschließend sollen sie ihre Texte in einer Schreibkonferenz überarbeiten und ihren Lernstand zum Thema einer Selbsteinschätzung unterziehen.
Der Zeitansatz dieser drei Stunden ist eher knapp bemessen. Zu erwarten ist, dass ungeübtere Lerngruppen mehr Zeit zum Schreiben der Erzählung und zum Abhalten der Schreibkonferenz benötigen. Sinnvoll wäre es dann, die Schreibkonferenz zu unterbrechen und in einer vierten Stunde fortzuführen.

Zum Ablauf im Einzelnen:
Zu Beginn des **1. Arbeitsschritts** geht es darum, eine Idee für eine Erzählung zu finden. Dazu sollen die Bilder auf dem Arbeitsblatt anregen. Die Schüler können sich für ein Erlebnis entscheiden, das eine der Personen auf den Bildern gehabt haben könnte oder sie erinnern sich an eine den Bildinhalten ähnliche Situation, die sie selbst erlebt haben. Das Bild mit dem Fragezeichen steht für die Möglichkeit, auch ganz andere Erlebnisse in einer Erzählung zu verarbeiten.
Die Schüler müssen nun – ohne die Hilfe der Gruppe oder des Tandempartners – in der Lage sein, eine Stoffsammlung in Form eines Clusters anzufertigen, Erzählschritte zu generieren, zu ordnen und diese entsprechend in eine Erzählung umzusetzen. Der Lehrer sollte an dieser Stelle darauf verzichten, jeden Teil einzeln schreiben zu lassen und diesen zwischenzeitlich zu besprechen oder zu kontrollieren. Übungen zu den Einzelteilen und Merkmalen einer Erzählung wurden in den vorangegangenen Lernspiralen schon durchgeführt. Diese letzte Lernspirale dient hingegen der Aufsatzvorbereitung: Es muss geübt werden, eine vollständige Erzählung „in einem Rutsch" zu schreiben.

In der Schreibkonferenz des **2. Arbeitsschritts** setzen sich die Schüler kritisch mit ihrer und den Erzählungen ihrer Mitschüler auseinander. Ziel ist, die vorgelesenen Texte kriterienorientiert zu besprechen, dabei Gutes hervorzuheben und Verbesserungswürdiges anzumerken. Verbesserungsvorschläge sollen gemeinsam von der Gruppe formuliert werden. Orientierung finden die Schüler dabei an der erstellten Checkliste.
In diesem Arbeitsschritt ist nicht in jedem Fall sinnvoll, die Gruppen nach dem Zufallsprinzip zu bilden. Jede Gruppe könnte stattdessen vom Lehrer zusammengestellt werden, sodass leistungsschwächere und leistungsstärkere Schüler zusammenarbeiten.
Damit die Schreibkonferenz gelingt, sollten in Klassen, die mit dieser Arbeitsform nicht vertraut sind, zunächst die Regeln gemeinsam besprochen werden. Pro Gruppe ist ein Regelwächter zu bestimmen, der über die Einhaltung der Regeln wacht.
Im **3. Arbeitsschritt** schätzen die Schüler abschließend ihren Lernstand ein. Dazu füllen sie das Kompetenzraster auf dem Arbeitsblatt aus. Anschließend besprechen sie dieses im **4. Arbeitsschritt** mit einem Partner. Sie erläutern sich, was sie schon gut können und was sie noch üben müssen. Bei Übungsbedarf sollte hier auch besprochen werden, mit wem, wann und wie man üben will. Sinnvoll wäre es an dieser Stelle auch, die Schüler einen individuellen Übungs- bzw. Arbeitsplan erstellen zu lassen, in dem diese Punkte festgelegt und geplant werden. Aus Zeitgründen müsste dies allerdings in einer Folgestunde geschehen. Der Lehrer kann, muss in diesem Arbeitsschritt aber nicht als Berater zur Verfügung stehen.
In der **Hausaufgabe** des **5. Arbeitsschritts** wird die in der Schreibkonferenz überarbeitete Erzählung von den Schülern in Reinschrift abgeschrieben. Hierzu empfiehlt es sich, die Aufmerksamkeit der Schüler noch einmal besonders auf die Rechtschreibung und die Zeichensetzung zu lenken.

✓ **Merkposten**
- keine

12 Ich teste mich selbst

A1 EA

Schau dir die Bilder in Ruhe an. Was könnten die Personen erlebt haben? Hast du selbst in ähnlichen Situationen etwas Erzählenswertes erlebt? Sammle Erzählideen und entscheide dich für eine, zu der du eine Erzählung schreiben möchtest. Das Bild mit dem Fragezeichen bedeutet, dass du auch von eigenen Erlebnissen erzählen darfst, die mit den Bildern nichts zu tun haben.

■ Tipp
Nimm beim Schreiben deine Checkliste zu Hilfe.

Wenn du eine Idee gefunden hast, dann beginne mit der Arbeit:
- Ideennetz anlegen
- Erzählschritte aufschreiben und ordnen
- ...

Gehe so vor, wie du es bei der Arbeit mit dem Thema Erzählen gelernt hast.

Mauritius, Photri

MEV Verlag GmbH

Mauritius, Schellhammer

Mauritius, Mitterer

Fotosearch Stock Photography, Digital Vision

Getty Images RF, Photodisc Collection

Ingram Publishing

Picture-Alliance

A2 GA

Haltet mit euren fertig gestellten Erzählungen eine Schreibkonferenz ab. Beachtet die Regeln für eine Schreibkonferenz. Nutzt eure Checklisten. Überarbeitet dann eure Erzählungen.

EA = Einzelarbeit
PA = Partnerarbeit
GA = Gruppenarbeit
PL = Plenum

Regeln für eine Schreibkonferenz

- Ein Schüler liest seinen Text vor.
- Die anderen teilen sich die Punkte der Checkliste auf:
  Beispiel:
  → Schüler A achtet auf die Einleitung
  → Schüler B achtet auf den Hauptteil und den Höhepunkt
  → Schüler C achtet auf die Sprache (Präteritum? Verben? Adjektive? ...)
  → ...
- Jeder achtet beim Vorlesen auf seine Punkte.
- Jeder sagt zu seinem Punkt, was gut gelungen ist und was noch verbessert werden könnte.
- Gemeinsam überlegt ihr, ob und wie man den Text verbessern könnte.
- Bei Verbesserungsvorschlägen solltet ihr auch auf einzelne Sätze eingehen.

A3 EA

Nachdem du jetzt eine Erzählung geschrieben und mit Mitschülern besprochen hast, schätze dich selbst ein: Was kannst du schon gut und was musst du noch üben? Fülle den Bogen sorgfältig aus.

	Ich kann ...	☺	😐	☹
1	... Ideen in einem Ideennetz sammeln und verknüpfen.			
2	... Erzählschritte formulieren und spannungssteigernd ordnen.			
4	... eine Überschrift nach den erarbeiteten Kriterien formulieren.			
5	... beschreiben, wie eine Erzählung aufgebaut ist.			
6	... eine Einleitung so schreiben, dass sie zur Erzählung hinführt und die meisten W-Fragen beantwortet sind.			
7	... den Hauptteil so ausarbeiten, dass die Spannung bis zum Höhepunkt steigt.			
8	... einen Schluss schreiben, der entweder überrascht oder in dem die Hauptperson einen Ausblick gibt, eine Schlussfolgerung zieht oder zurückdenkt.			
9	... wörtliche Rede, Gedanken und Gefühlsbeschreibungen in meine Erzählung einbeziehen.			
10	... Merkmale der Erlebnissprache einsetzen und eine Erzählung spannend, lebendig und abwechslungsreich gestalten.			

☺ gut
😐 mittelmäßig
☹ noch nicht so gut

A4 PA

Erläutere deinem Partner, wie du dich selbst einschätzt.
Überlegt gemeinsam, wie ihr üben könntet.

EA = Einzelarbeit
PA = Partnerarbeit
GA = Gruppenarbeit
PL = Plenum

Lernkontrolle

Schau dir die Bilder in Ruhe an. Was könnten die Personen erlebt haben? Was könnte mit den Tieren passiert sein? Hast du selbst in ähnlichen Situationen etwas Erzählenswertes erlebt? Sammle Erzählideen und entscheide dich für eine, zu der du eine Erzählung schreiben möchtest. Das Bild mit dem Fragezeichen bedeutet, dass du auch von eigenen Erlebnissen erzählen darfst, die mit den Bildern nichts zu tun haben.

1. Entscheide dich für eine Kernidee.
2. Lege ein Ideennetz (Cluster) an.
3. Formuliere Erzählschritte und ordne diese.
4. Schreibe die Erzählung.
5. Überarbeite deine Erzählung (achte dabei auch auf Rechtschreibung, Zeichensetzung, Grammatik).
6. Fertige eine Reinschrift an.

Mauritius, age

Corel Corporation Deutschland

Fotosearch Stock Photography, Digital Vision

MEV Verlag GmbH

Corel Corporation Deutschland

Mögliches Bewertungsraster für eine Erzählung

Dieses Raster stellt nur eine von mehreren Möglichkeiten dar, wie ein Aufsatz zum Thema Erzählung bewertet werden kann. Die Gewichtung der einzelnen Aspekte ist nur als Vorschlag zu verstehen und kann jederzeit angepasst werden.

So wurde deine Erzählung bewertet

Stoffsammlung	
Du hast zu einer Kernidee ein Ideennetz angelegt.	1
Du hast deine Ideen sinnvoll miteinander verknüpft.	1
Du hast zu deinen Ideen Erzählschritte formuliert.	1
Du hast deine Erzählschritte sinnvoll geordnet.	1

/4

Aufbau und Inhalt	
Du hast eine Überschrift gewählt, die den besprochenen Kriterien entspricht.	1
Deine Einleitung beantwortet die W-Fragen.	1
Deine Einleitung ist nicht zu lang und führt zur eigentlichen Erzählung.	1
Deine Erzählschritte bauen aufeinander auf.	1
Dein Hauptteil führt zu einem erkennbaren Höhepunkt.	1
Du hast deinen Höhepunkt spannend ausgestaltet.	1
Du hast Gedanken, Gefühle und Sinneseindrücke dargestellt und beschrieben.	1
Deinen Hauptteil kann man gut verstehen und nachvollziehen.	1
Deine Erzählung weist einen Schluss auf.	1
Es ist klar zu erkennen, was dein Schluss leisten soll.	1
Deine Erzählung ist insgesamt für den Leser nachvollziehbar und verständlich.	1

/11

sprachliche Gestaltung	
Du hast abwechslungsreiche und treffende Verben benutzt.	2
Du hast ausdrucksstarke Adjektive benutzt.	2
Du hast die wörtliche Rede richtig eingesetzt.	2
Du hast die Zeitform des Präteritums eingehalten.	2
Du hast bildliche Vergleiche, Ausrufe und Fragesätze benutzt.	2

/10

Satzglieder durch Umstellproben ermitteln

		Zeit	Lernaktivitäten	Material	Kompetenzen
1	EA	10′	S schneiden Wörter aus und legen aus diesen einen Satz, den sie auf dem Arbeitsblatt notieren.	M1.A1, M2	- operationales Verfahren zur Bestimmung von Satzgliedern anwenden - Satzstrukturen (Satzglieder) kennen - Spielanleitung lesen und verstehen - kritische Bewertung vornehmen - Arbeitsaufträge erfassen und korrekt umsetzen - in lesbarer Handschrift schreiben
2	PA	10′	S verschieben die ausgeschnittenen Wörter und stellen den Satz viermal um. Sie notieren ihre Ergebnisse.	M1.A2	
3	PA	5′	S umrahmen Wörter und Wortgruppen, die beim Umstellen allein oder zusammen geblieben sind.	M1.A3	
4	GA	10′	S lesen den Infotext zu Satzgliedern auf dem Arbeitsblatt. Sie notieren mit eigenen Worten, was sie über Satzglieder erfahren haben. Anschließend zählen sie die Satzglieder des zuvor mehrfach umgestellten Satzes.	M1.A4	
5	GA/ PL	45′	S lesen die Anleitung zum Spiel „Ein Satz auf Reisen". Nach Klärung von Verständnisfragen beginnen sie mit dem Spiel.	M1.A5, M3	

Erläuterungen zur Lernspirale

✓ Merkposten
- Scheren
- Kopien des Wortmaterials M2 in Klassenstärke
- Kopien der Reiseformulare M3 in Gruppenstärke
- Losgegenstände

Ziel der Doppelstunde ist, die Vorkenntnisse der Schüler zum Thema Satzglieder zu aktivieren. Durch Umstellproben stellen sie fest, welche Wörter oder Wortgruppen zu einem Satzglied gehören und dass diese an verschiedenen Positionen innerhalb des Satzes stehen können.
Sollte keine Doppelstunde zur Verfügung stehen, kann eine Zäsur nach dem vierten Arbeitsschritt erfolgen. Das Spiel „Ein Satz auf Reisen" müsste dann in der nächsten Stunde durchgeführt werden.

Zum Ablauf im Einzelnen:
Im **1. Arbeitsschritt** schneiden die Schüler die Wortkarten aus den ausgeteilten Zetteln (M2) aus. Anschließend legen sie aus diesen einen Satz. Dieser könnte z. B. lauten „In der Pause kauft Jonas jeden Tag einen Joghurt". An dieser Stelle empfiehlt es sich, die Schüler darauf hinzuweisen, dass alle Wörter zur Bildung des Satzes verwendet werden müssen. Sollten in den Klassen Computer zur Verfügung stehen, kann die Aufgabe auch an diesen erledigt werden. Moderne Textverarbeitungsprogramme verfügen über sogenannte Textfelder. Die Schüler tippen alle neun Wörter in je ein Textfeld. Anschließend kann man diese mit den Wörtern frei verschieben und so nebeneinander anordnen, dass ein Satz entsteht. Im Umgang mit Textverarbeitungsprogrammen geübte Schüler könnten auf diese Weise auch die Aufgabe des zweiten Arbeitsschritts ausführen. Auf dem Arbeitsblatt werden abschließend die entstandenen Sätze notiert.
In der Partnerarbeit des **2. Arbeitsschritts** vergleichen die Schüler zunächst ihre Ergebnisse. Dabei werden sie eventuell feststellen, dass sie unterschiedliche Sätze gebildet haben, die aber beide richtig sind. In der sich anschließenden Aufgabe werden sie bemerken, dass es noch mehr Varianten des gleichen Satzes gibt. Dazu stellen sie den Satz mehrmals so um, dass er jeweils mit dem angegebenen Satzglied beginnt.
Nun untersuchen die Schüler im **3. Arbeitsschritt** die vier Sätze. Sie umrahmen jeweils die Wörter, die sich einzeln oder in Gruppen umstellen ließen, mit unterschiedlichen Farben.
Im **4. Arbeitsschritt** treffen sich die Schüler in Zufallsgruppen. Hier vergleichen sie zunächst die Ergebnisse ihrer Untersuchungen. Anschließend lesen sie gemeinsam den Informationstext zu Satzgliedern in der Randspalte des Arbeitsblattes. Nachdem sie noch einmal in eigenen Worten notiert haben, was Satzglieder sind, zählen sie, aus wie vielen davon der zuvor mehrfach umgestellte Satz besteht. Hier ist die richtige Antwort fünf.
Zur Vorbereitung des Spiels „Ein Satz auf Reisen" geben sich die Gruppen im **5. Arbeitsschritt** zunächst einen Namen. Zum Lesen der Regeln für das Spiel sollte den Schüler ausreichend Zeit gegeben werden. In schwächeren Lerngruppen ist es eventuell notwendig, die Regeln noch einmal gemeinsam zu besprechen. Nachdem die Schüler einen eigenen Satz formuliert und auf ihr Reiseformular (M3) geschrieben haben, beginnt das Spiel. Es besteht aus zwei Runden. In beiden Runden wandern alle Formulare von Gruppe zu Gruppe, bis sie wieder bei ihren Absendern ankommen. Erhält eine Gruppe ein Formular, so zählt sie die Satzglieder des darauf notierten Satzes und trägt ihren Gruppennamen und die Anzahl in das Raster ein. Bekommt die Gruppe nach der ersten Runde ihr Formular zurück, kontrolliert sie die Eintragungen und schickt es erneut auf Reisen. Die zweite Runde beginnt und alle Gruppen sehen, ob sie richtig oder falsch gezählt haben.

01 Achtung! (Umstell-)Probe

A1 EA

Auf den Fähnchen und dem Zettel, den du von deinem Lehrer bekommen hast, stehen die Wörter eines Satzes. Schneide die Wörter des Zettels aus. Lege sie so auf deinen Tisch, dass ein sinnvoller Satz entsteht. Schreibe den Satz auf.

> Ihr könnt eure Sätze natürlich auch mit dem Computer schreiben. Schreibt dazu die Wörter auf, kopiert jedes einzeln und fügt sie nacheinander in der gewünschten Reihenfolge wieder ein.

JOGHURT DER EINEN JEDEN PAUSE TAG IN KAUFT JONAS

Diesen Satz habe ich gelegt:

____

____

A2 PA

Vergleicht eure Sätze. Sind sie beide gleich?
Verschiebt die Wörter auf eurem Tisch. Bildet sinnvolle Sätze, die mit den angegebenen Wörtern oder Wortgruppen beginnen. Ihr müsst alle Wörter verwenden. Schreibt die Sätze auf die Linien.

Jeden Tag ______________________________

____

Jonas ______________________________

____

In der Pause ______________________________

____

Einen Joghurt ______________________________

____

A3 PA

Vergleicht die vier Sätze. Umrahmt in jedem Satz die Wörter, die sich einzeln oder zusammen umstellen ließen, mit verschiedenen Farben.

EA = Einzelarbeit
PA = Partnerarbeit
GA = Gruppenarbeit
PL = Plenum

A4 GA

Lest die Information in der Randspalte. Schreibt danach mit eigenen Worten auf, was ihr über Satzglieder erfahren habt. Aus wie vielen Satzgliedern bestehen die Sätze, die ihr mit den Wörtern gelegt habt? Kreuzt an.

____

____

____

____

____

____

Die Sätze bestehen aus

☐ neun Satzgliedern ☐ fünf Satzgliedern ☐ drei Satzgliedern

Satzglieder
Wörter oder Wortgruppen, die man in einem Satz umstellen kann, ohne dass sich die Bedeutung des Satzes verändert, heißen Satzglieder.
Satzglieder können also aus einem einzigen Wort oder aus mehreren Wörtern bestehen.
Durch Umstellen **(Umstellprobe)** kann man feststellen, welche Wörter zu einem Satzglied gehören.

A5 GA

Gebt eurer Gruppe einen Namen (zum Beispiel: Die Satzglied-Finder). Lest nun die Anleitung zum Spiel *„Ein Satz auf Reisen"*. Klärt Verständnisfragen. Spielt das Spiel mit der ganzen Klasse.

Ein Satz auf Reisen

- Von eurem Lehrer bekommt ihr ein Reiseformular. Tragt darauf oben euren Gruppennamen ein.
- Erfindet einen Satz mit mehreren Satzgliedern und schreibt diesen auf das Formular.
- Stellt den Satz mehrmals um und zählt nach, aus wie vielen Satzgliedern dieser besteht. Merkt euch diese Zahl gut!
- Auf ein Zeichen gebt ihr euer Formular einer anderen Gruppe. Gleichzeitig erhaltet ihr das Formular einer anderen Gruppe.
- Tragt euren Gruppennamen in das Raster des Formulars ein. Zählt nach, aus wie vielen Satzgliedern der Satz der fremden Gruppe besteht. Schreibt diese Zahl neben euren Gruppennamen in das Raster.
- Gebt das Formular weiter und erhaltet ein weiteres. Verfahrt so, bis ihr euer eigenes Formular wiederhabt.
- Kontrolliert auf eurem Formular die Antworten der anderen Gruppen.
- Gebt die Formulare nun so oft weiter, bis ihr euer eigenes wiederhabt. Schaut auf jedem Formular nach, ob ihr die Satzglieder einer anderen Gruppe richtig ausgezählt habt.

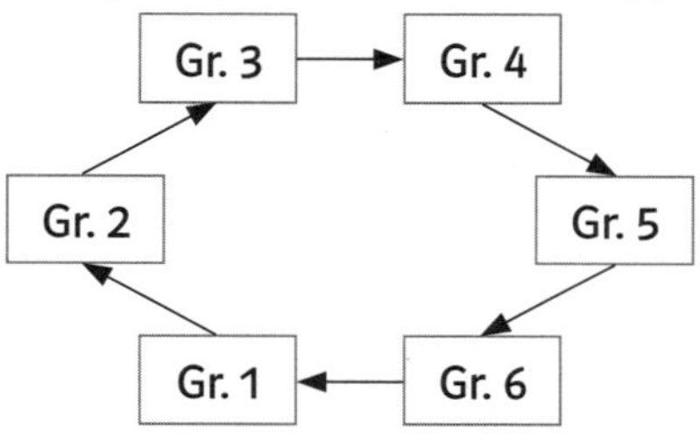

EA = Einzelarbeit
PA = Partnerarbeit
GA = Gruppenarbeit
PL = Plenum

Wortkarten zum Ausschneiden

JOGHURT	JEDEN	DER
PAUSE	TAG	KAUFT
EINEN	IN	JONAS

Reiseformular

LS 01.M3

Gruppenname: ______________________

Reiseformular

Unser Satz:

____

____

____

Frage: Aus wie vielen Satzgliedern besteht dieser Satz?

	Gruppenname	Antwort	✓ oder f
1			
2			
3			
4			
5			
6			
7			
8			

Texte durch Satzumstellungen interessanter gestalten

		Zeit	Lernaktivitäten	Material	Kompetenzen
1	EA	5′	S lesen den Ausschnitt einer Erzählung und notieren Auffälligkeiten in Stichwörtern.	M1.A1	- Satzstrukturen (Satzglieder) kennen - Kriterien der Textüberarbeitung kennen - Informationen zusammenfassen - in lesbarer Handschrift schreiben - zielgerichtet und kooperativ zusammenarbeiten - Präsentationstechniken nutzen - über Arbeitsergebnisse informieren
2	PA	10′	S gestalten den Ausschnitt interessanter, indem sie Sätze umstellen.	M1.A2	
3	GA	15′	S vergleichen ihre Ergebnisse und wählen das beste aus. Dieses übertragen sie auf eine Folie und umrahmen dabei die Satzglieder der einzelnen Sätze.	M1.A3	
4	PL	5′	S präsentieren ihre Folien über Overhead-Projektor und tragen ihre Erzählausschnitte vor. Feedback durch S und L.		
5	EA	5′	S fassen zusammen, welchen Sinn das Umstellen von Sätzen macht.	M1.A4	
6	HA		S überarbeiten eine eigene Erzählung oder Geschichte, indem sie Sätze umstellen, wo sie es für nötig halten.	M1.A5	

Erläuterungen zur Lernspirale

✓ **Merkposten**
- Overhead-Projektor
- Folien
- Folienstifte
- Losgegenstände

Ziel der Einzelstunde ist, den Schülern noch einmal zu verdeutlichen, dass durch die Umstellung von Sätzen nicht nur Satzglieder identifiziert werden können, sondern dies auch ein Weg ist, Texte interessanter zu gestalten. Sie erkennen, dass eine Folge gleichförmiger Sätze spannender und abwechslungsreicher wirkt, wenn einzelne Sätze in der Abfolge ihrer Satzglieder variiert werden.
Diese Lernspirale kann auch im Zusammenhang mit dem Thema der Lerneinheit 1 der Kopiervorlagen durchgeführt werden. Die abwechslungsreiche Formulierung von Sätzen spielt auch bei der sprachlichen Gestaltung einer Erzählung eine große Rolle.

Zum Ablauf im Einzelnen
Im **1. Arbeitsschritt** lesen die Schüler den Ausschnitt aus einer Erzählung und lassen diesen auf sich wirken. Es ist davon auszugehen, dass ihnen das immer gleiche Satzmuster auffällt. Diese Erkenntnis notieren sie in Stichworten auf dem Arbeitsblatt. Äußerungen wie *„Die Sätze fangen alle mit Ich an. Das muss geändert werden."* sind hier zu erwarten.
In der Partnerarbeit des **2. Arbeitsschritts** ist nun vorgesehen, dass einzelne Sätze umgestellt werden, damit der Ausschnitt insgesamt abwechslungsreicher klingt. Hierbei sollten die Schüler darauf hingewiesen werden, dass nicht unbedingt alle Sätze verändert werden müssen. Die Schüler sollen ins Gespräch darüber kommen, wo sie es für notwendig halten und wo nicht. Unterschiedliche Ergebnisse der Tandems sind durchaus erwünscht. Die neu formulierten Ausschnitte der Erzählung werden auf das Arbeitsblatt geschrieben.
Für die Gruppenarbeit des **3. Arbeitsschritts** ist es sinnvoll, dass mindestens drei Tandems per Losverfahren zusammenkommen. So ist eine größere Sicherheit gegeben, dass den Gruppen unterschiedliche Versionen des bearbeiteten Ausschnitts zur Verfügung stehen. Nach einer Diskussion über das Für und Wider einer Variante wählen die Gruppenmitglieder eine aus, die später im Plenum präsentiert wird. Diese wird auf eine Folie geschrieben. Dabei sollte unbedingt auf saubere und lesbare Schrift geachtet werden. Abschließend werden die einzelnen Satzglieder umrahmt. Übersichtlich gelingt dies nur, wenn der Abstand zwischen den Zeilen sehr groß gehalten wird.
Im **4. Arbeitsschritt** präsentiert ein Mitglied einer ausgelosten Gruppe das erarbeitete Ergebnis. Dazu wird die beschriebene Folie auf den Overhead-Projektor gelegt und der Text vorgelesen. Nach einem Feedback von Schülern und Lehrern sollte eine weitere Präsentation nur erfolgen, wenn die Textbearbeitungen grundsätzlich anders ausgefallen sind.
In Einzelarbeit fassen die Schüler im **5. Arbeitsschritt** nun noch einmal zusammen, was sie in dieser und der letzten Lernspirale Neues erfahren bzw. Bekanntes aus der Grundschule wiederholt haben.
Die **Hausaufgabe** bietet den Schülern noch einmal Gelegenheit, die Erfahrungen dieser Lernspirale an eigenen Texten anzuwenden und zu vertiefen.

02 Nicht immer das Gleiche

A1 EA

Lies den Ausschnitt aus einer Erzählung aufmerksam. Was fällt dir auf? Wie könnte man den Text verändern? Schreibe deine Ideen in Stichworten auf den Notizzettel.

… Ausgerechnet in dieser Nacht, als meine Eltern nicht zu Hause waren, musste das geschehen:
Ich wachte um ein Uhr auf.
Ich hatte schlecht geträumt und ein Geräusch gehört.
Ich suchte hektisch den Lichtschalter in der Dunkelheit.
Ich sah an der Decke einen unheimlichen Schatten.
Ich verkroch mich ängstlich unter der Bettdecke …

A2 PA

Vergleicht eure Notizen und tauscht euch aus. In der letzten Stunde habt ihr gelernt, dass man die Satzglieder eines Satzes umstellen kann (Umstellprobe). Das Umstellen der Satzglieder ist auch eine Möglichkeit, aus gleichförmigen Sätzen spannendere zu machen.
Stellt die Sätze um, bei denen ihr es für nötig haltet, und schreibt den Erzählausschnitt neu.

Umstellprobe
Die meisten Sätze kann man umstellen. Durch das Umstellen kann man die einzelnen Satzglieder unterscheiden, aus denen der Satz besteht.
Gleichzeitig lassen sich durch das Umstellen Sätze verändern und verbessern.

A3 GA

Vergleicht eure Versionen des Erzählausschnitts und wählt aus, welche euch am besten gefällt. Von eurem Lehrer habt ihr eine Folie bekommen. Übertragt auf diese den ausgewählten Erzählausschnitt. Schreibt sauber und deutlich und mit großem Zeilenabstand! Umrahmt anschließend alle Satzglieder. Im Plenum sollt ihr eure Folie präsentieren und den Erzählausschnitt vortragen.

A4 EA

In dieser und der letzten Stunde hast du zwei Gründe kennengelernt, warum man Sätze umstellt. Fasse noch einmal mit eigenen Worten zusammen und schreibe in dein Deutschheft.

A5 EA

Sicherlich hast du auch schon einmal eine Geschichte oder eine Erzählung geschrieben. Suche sie heraus und lies sie noch einmal. Kannst du einige Sätze interessanter gestalten?

EA = Einzelarbeit
PA = Partnerarbeit
GA = Gruppenarbeit
PL = Plenum

Die Position des Prädikats in Aussagesätzen erkennen

		Zeit	Lernaktivitäten	Material	Kompetenzen
1	EA	10′	S lesen den Satz, ermitteln die Satzglieder durch Umstellen und tragen sie in das Stufenschema ein.	M1.A1	- operationale Verfahren zur Bestimmung von Satzgliedern anwenden - Merkmale von Aussage- und Fragesatz kennen - Satzgliedstellung des Prädikats kennen - Präsentationstechniken nutzen - Arbeitsaufträge korrekt umsetzen - zielgerichtet und kooperativ arbeiten
2	PA	10′	S vergleichen und korrigieren ihre Ergebnisse. Den Satz tragen sie in zwei Varianten in die Schemata ein. Sie notieren, was ihnen auffällt.	M1.A2	
3	GA	10′	S lesen den Infotext. Sie formulieren den Satz als Frage und tragen ihn in das Schema ein.	M1.A3	
4	GA	30′	S bereiten eine Kartenpräsentation nach den Anweisungen auf dem Arbeitsblatt vor.	M1.A4	
5	PL	20′	Ausgeloste Gruppen präsentieren ihre Karten nach dem vorgestellten Muster. Feedback durch S und L.		

Erläuterungen zur Lernspirale

✓ Merkposten
- Moderationskarten in fünf verschiedenen Farben
- dicke Filzstifte
- Befestigungsmaterial
- Losgegenstände

Ziel der Doppelstunde ist, den Schülern deutlich zu machen, wie man das Prädikat eines einfachen Satzes erkennt und woraus dieses gebildet wird. Die Schüler lernen, dass das Prädikat in Aussagesätzen an zweiter und in Fragesätzen ohne Fragewort an erster Stelle steht. Eine Präsentation von Arbeitsergebnissen auf farbigen Karten soll dieses verdeutlichen.
Sollte keine Doppelstunde zur Verfügung stehen, so kann die Lernspirale im vierten Arbeitsschritt unterbrochen werden. Die Gruppenarbeit kann dann in der nächsten Stunde fortgeführt werden.

Zum Ablauf im Einzelnen:
Im **1. Arbeitsschritt** lesen die Schüler zunächst den vorgegebenen Satz und ermitteln seine Satzglieder mit Hilfe der zuvor erlernten Umstellprobe. Anschließend schreiben sie die Satzglieder der Reihe nach von unten nach oben in das Stufenschema. Das Schema hebt die Satzgliedstellung des Prädikats in Aussagesätzen optisch hervor.
In der Partnerarbeit des **2. Arbeitsschritts** vergleichen die Tandems zunächst ihre Ergebnisse. Auf diese Weise kontrollieren sie auch noch einmal, ob sie die Umstellprobe richtig angewendet und die Satzglieder korrekt ermittelt haben. Anschließend stellen sie den Satz noch zweimal um und tragen seine Variationen wiederum in die dafür vorgesehenen Stufenschemata ein. Da das Prädikat des Beispielsatzes aus dem Verb „wohnt“ besteht, erscheint dieses Wort immer auf der zweiten Stufe. Diese Erkenntnis notieren die Schüler auf dem Arbeitsblatt.
Zunächst besprechen die Schüler im **3. Arbeitsschritt** ihre Notizen. Die Erkenntnisse der letzten Arbeitsschritte werden nun durch das Lesen der Informationen in der Randspalte untermauert und erweitert. Hier erfahren die Schüler auch, dass in Fragesätzen ohne Fragewort das Prädikat an erster Stelle steht. Diese Information belegen die Schüler nun, indem sie den schon mehrfach umgestellten Beispielsatz in einen Fragesatz verwandeln. Hierbei ist es wichtig, dass die Schüler keine weiteren Fragewörter benutzen. Erlaubt sind nur die vorhandenen Satzglieder.
Der **4. Arbeitsschritt** dient nun der Vorbereitung einer Kartenpräsentation. Diese soll den Schülern die Satzgliedstellung des Prädikats erneut vor Augen führen. Die vorgeschlagenen Farben der Moderationskarten sind beliebig austauschbar. Wichtig ist nur, dass es sich um fünf unterschiedliche Farben handelt. Es ist sinnvoll, die Schüler darauf hinzuweisen, dass gleiche Satzglieder auf Karten gleicher Farbe geschrieben werden müssen. Nur so wird während der Präsentation die Stellung des Prädikats auch durch die Farbe betont. Häufig kommt es vor, dass Schüler die Karten zu klein beschriften. Diese sind dann aus größerer Entfernung nicht mehr lesbar. Auch hierauf sollten die Schüler aufmerksam gemacht werden.
Bei der Kartenpräsentation im **5. Arbeitsschritt** ist es wichtig, die Schüler noch einmal aufzufordern, zu den auf dem Arbeitsblatt abgedruckten Fragen Stellung zu nehmen. Die Moderationskarten können mit Magneten an der Tafel befestigt werden. Sollten diese in größerer Anzahl nicht vorhanden sein, kann man auch auf Krepp-Klebeband zurückgreifen.

03 Auf Platz 2: das Prädikat

A1 EA

Lies den folgenden Satz. Stelle ihn mehrmals um und umrahme seine Satzglieder. Schreibe die Satzglieder von links nach rechts auf die Stufen der Treppe.

Seit neun Monaten wohnt Frau Behrendt mit ihren Katzen Frederik und Fridolin in einem kleinen Dorf.

5.	in einem kleinen Dorf
4.	
3.	
2.	
1.	Seit neun Monaten

A2 PA

Vergleicht eure Ergebnisse und korrigiert euch. Stellt den Satz nun noch zweimal um. Schreibt die Umstellungen erneut in die Treppen. Fällt euch etwas auf? Notiert mit eigenen Worten.

Einen Internetlink mit vielen Übungsmaterialien zum Thema Prädikat findest du unter www.klett.de/klippert

1. Umstellung

5.	
4.	
3.	
2.	
1.	Frau Behrendt

2. Umstellung

5.	
4.	
3.	
2.	
1.	

Das fällt uns auf:

EA = Einzelarbeit
PA = Partnerarbeit
GA = Gruppenarbeit
PL = Plenum

A3 GA

Besprecht noch einmal, was euch in der Partnerarbeit aufgefallen ist. Lest dazu auch die Informationen zum Prädikat in der Randspalte.
Der Satz *„Seit neun Monaten wohnt Frau Behrendt mit ihren Katzen Frederik und Fridolin in einem kleinen Dorf"* ist ein Aussagesatz. Könnt ihr daraus einen Fragesatz formulieren? Verwendet alle Satzglieder des Satzes. Zusätzliche Fragewörter sind nicht erlaubt! Schreibt den Satz in die Treppe. An welcher Stelle steht das Prädikat jetzt?

Unser Fragesatz:

____

____ ?

5.

4.

3.

2.

1.

Prädikat

Das Prädikat (Satzaussage) sagt aus, was jemand tut oder was geschieht.

Das Prädikat wird immer mit Verben gebildet. Diese sind gebeugt. Sie stehen also nicht in ihrer Grundform (z. B. **laufen, essen**), sondern in einer veränderten Verbform (Hans **läuft**, Frederike **isst**).

In Aussagesätzen steht das Prädikat immer an 2. Stelle:

- Hans *angelt* Fische im Teich.
- Im Teich *angelt* Hans Fische.
- Fische *angelt* Hans im Teich.

In Fragesätzen ohne Fragewort steht das Prädikat jedoch an 1. Stelle:

- *Angelt* Hans Fische im Teich?

A4 GA

Bereitet eine Präsentation für das Plenum vor. Folgt dazu den Anweisungen.

- Besorgt euch 20 Karten; je fünf in einer Farbe.
- Erfindet einen Aussagesatz, der aus fünf Satzgliedern besteht und schreibt diesen auf einen Zettel. Orientiert euch an dem Beispielsatz.
- Stellt euren Satz zweimal um und bildet zusätzlich einen Fragesatz.
- Ihr habt nun vier Sätze: Das Original, zwei Umstellungen und einen Fragesatz. Schreibt die Satzglieder aller Sätze auf die Karten. Nehmt für dasselbe Satzglied immer die gleiche Farbe!
- Legt den Originalsatz, die Umstellungen und den Fragesatz mit den Karten auf euren Tisch.

Während eurer Präsentation hängt ihr die Karten an die Tafel. Zusätzlich sollt ihr der Klasse folgende Fragen beantworten:
1. Was ist ein Prädikat und woraus besteht es?
2. An welcher Stelle steht das Prädikat im Aussagesatz?
3. An welcher Stelle steht das Prädikat im Fragesatz?

Beschriftet die Karten so groß wie möglich, damit man sie während der Präsentation auch vom hinteren Teil der Klasse aus gut lesen kann.

Tipp

Legt euch zu den Fragen einen Spickzettel an. So fällt es euch leichter, diese vor der Klasse zu beantworten.

Muster für die Kartenpräsentation

Satzglied	Prädikat	Satzglied	Satzglied	Satzglied
Seit neun Monaten	*wohnt*	Frau Behrendt	mit ihren Katzen Frederik und Fridolin	in einem kleinen Dorf.
Frau Behrendt	*wohnt*	seit neun Monaten	in einem kleinen Dorf	mit ihren Katzen Frederik und Fridolin.
In einem kleinen Dorf	*wohnt*	...	...	...
Prädikat	**Satzglied**	**Satzglied**	**Satzglied**	**Satzglied**
Wohnt	...	...	...	?

Zweiteilige Prädikate in einem Schaubild darstellen

		Zeit	Lernaktivitäten	Material	Kompetenzen
1	EA	5′	S lesen den Infotext in der Randspalte des Arbeitsblattes. Sie markieren das zweiteilige Prädikat des Beispielsatzes in der vorgestellten Form.	M1.A1	- Prädikatsklammer bei trennbaren Verben kennen - Satzgliedstellung des Prädikats kennen - operationale Verfahren zur Bestimmung von Satzgliedern anwenden - Schaubilder entwickeln - Präsentationstechniken nutzen - Arbeitsaufträge korrekt umsetzen - in lesbarer Handschrift schreiben - anschaulich über Arbeitsergebnisse informieren
2	PA	15′	S vergleichen und begründen ihre Ergebnisse. Sie schreiben die Beispielsätze in ihr Deutschheft und kennzeichnen jeweils das zweiteilige Prädikat.	M1.A2	
3	GA	10′	S vergleichen ihre Ergebnisse in Gruppen. Sie formulieren drei eigene Beispielsätze, die ein zweiteiliges Prädikat aufweisen.	M1.A3	
4	GA	30′	S basteln Schaubild aus Papierstreifen und beschriften diese mit den erfundenen Sätzen. Anschließend umrahmen sie die Prädikatsteile mit roten Wollfäden und verbinden diese mit einem weiteren Wollfaden. An den Verbindungsfaden kleben sie ein Schild mit der Grundform des Prädikatverbs.	M1.A4	
5	PL	20′	Vertreter ausgeloster Gruppen präsentieren ihre Schaubilder an der Tafel. Feedback durch L und S.		

Erläuterungen zur Lernspirale

Ziel der Doppelstunde ist, zu erkennen, dass ein Prädikat auch aus zwei Teilen bestehen kann. Zweiteilige Prädikate kommen im Zusammenhang mit zusammengesetzten Zeitformen, Modalverben und trennbaren Verben vor. In dieser Lernspirale lernen die Schüler zweiteilige Prädikate in Sätzen mit trennbaren Verben kennen.
Sollte keine Doppelstunde zur Verfügung stehen, ist eine Zäsur während der Gruppenarbeit des vierten Arbeitsschritts möglich.

Zum Ablauf im Einzelnen:
In der Einzelarbeit des **1. Arbeitsschritts** lesen die Schüler zunächst die Erläuterungen zum zweiteiligen Prädikat in der Randspalte des Arbeitsblattes. Unterstützend dazu betrachten sie das Schaubild zu einem Beispielsatz mit zweiteiligem Prädikat. Analog zu diesem sollen sie in einem weiteren Beispielsatz das Prädikat kennzeichnen und die Grundform des trennbaren Verbs nennen. In diesem Arbeitsschritt arbeiten sich die Schüler möglichst selbstständig in die Thematik der Lernspirale ein.
Im **2. Arbeitsschritt** besprechen die Partner ihre Ergebnisse und überprüfen so ihr Verständnis. Falls nötig, besteht an dieser Stelle aber auch die Möglichkeit, sich gegenseitig zu korrigieren. Anschließend übertragen sie die vorgegebenen sechs Beispielsätze in ihr Deutschheft. Idealerweise sollte beim Schreiben immer eine Zeile freigelassen werden. So können die Schüler die Teile des jeweiligen Prädikats besser umrahmen. Außerdem bleibt so genug Platz, um die Grundform des trennbaren Verbs über den Satz zu schreiben.

Der **3. Arbeitsschritt** beginnt wiederum mit dem Vergleich und der Korrektur der Ergebnisse aus der Partnerarbeit. Nun sollen die Gruppenmitglieder zusammen drei Beispielsätze formulieren, in denen ein zweiteiliges Prädikat in Zusammenhang mit einem trennbaren Verb vorkommt. Schwächeren Gruppen kann man eventuell eine Liste mit entsprechenden Verben anbieten. Möglich wäre es auch, trennbare Verben in einem Wörterbuch suchen zu lassen.
Im **4. Arbeitsschritt** werden nun Schaubilder gebastelt, in denen die Prädikatsteile der zuvor formulierten Beispielsätze gekennzeichnet werden sollen. Die Schüler gehen dabei nach dem Muster und der Anleitung auf dem Arbeitsblatt vor. Die Lehrkraft stellt dazu Papier und Wollfäden zur Verfügung, die Schüler müssen Scheren und Klebstoff bereithalten. Die Papierstreifen entstehen, indem man zwei DIN-A4-Blätter der Länge nach mittig durchschneidet und die vier Hälften an den schmalen Kanten zusammenklebt. Damit die Beispielsätze später im Plenum auch aus größerer Entfernung gut lesbar sind, müssen sie in entsprechender Schriftgröße geschrieben werden. Es ist sinnvoll, ungeübtere Schüler in dieser Gruppenarbeitsphase darauf hinzuweisen.
Die gebastelten Schaubilder werden im Plenum des **5. Arbeitsschritts** präsentiert. Je nachdem, wie viel Zeit bleibt, werden hierzu Vertreter von zwei bis vier Gruppen ausgelost. Die Schüler der Klasse und der Lehrer melden zurück, ob die formulierten Beispielsätze Fehler enthalten oder die Prädikatsteile falsch gekennzeichnet wurden.

✓ Merkposten
- mehrere Blätter DIN-A4-Papier
- Wollfäden
- Klebstoff
- Scheren
- Befestigungsmaterial
- Losgegenstände

04 Ein zweigeteiltes Prädikat

A1 EA

Lies den Infotext in der Randspalte. Eines der Beispiele siehst du hier noch einmal in einer anderen Darstellung. Rahme beim zweiten Satz die Teile des Prädikats ein und verbinde sie mit einem Doppelpfeil. Schreibe die Grundform über den Pfeil.

Grundform: ankommen

Die Reisegruppe [kommt – Teil des Prädikats] am Montag im Hotel [an. – Teil des Prädikats]

Gleich hören die Maurer mit ihrer Arbeit auf.

Zweiteilige Prädikate

Ein Prädikat kann auch aus zwei Teilen bestehen. Dies ist dann der Fall,

- wenn es mit einem zusammengesetzten Verb gebildet wird: ankommen, kommt … an,
- wenn es in der Zeitform des Perfekts steht: ist … gekommen, hat … gelacht.

A2 PA

Vergleicht und begründet eure Ergebnisse. Schreibt die folgenden Sätze in euer Deutschheft. Rahmt bei jedem Satz die zwei Teile des Prädikats ein und verbindet sie wieder mit einem Pfeil. Schreibt die Grundform des Verbs über den Pfeil.

1. Den Computer bauen die Fachleute in kurzer Zeit auf.
2. Jetzt stellen sie den Bildschirm ein.
3. Anschließend setzen sie eine neue Grafikkarte ein.
4. Meine neuen Spiele treiben den Computer zu Höchstleistungen an.
5. Die Fachleute reisen nach zwei Stunden ab.
6. Vor Freude laufe ich zur Höchstform auf.

A3 GA

Vergleicht und korrigiert eure Ergebnisse. Findet anschließend drei weitere Beispielsätze, bei denen das Prädikat aus zwei Teilen besteht.

Willst du noch weiter zum Thema Prädikat üben? Einen Internetlink mit vielen Übungsmaterialien findest du unter www.klett.de/klippert

A4 GA

Bastelt drei Papierstreifen. Schneidet dazu je zwei DIN-A4-Blätter der Länge nach durch und klebt die Hälften zusammen. Schreibt nun eure Sätze in großer Schrift auf die Streifen. Klebt rote Wollfäden als Rahmen um die beiden Teile der Prädikate. Verbindet die beiden Rahmen mit einem weiteren Wollfaden. An diesen klebt ihr ein Schild mit der Grundform des Prädikatverbs. Eure Streifen hängt ihr im Plenum an die Tafel oder an die Wand.

Tipp

Die Streifen könnt ihr an den Wollfäden an eine Pinnwand hängen. So habt ihr sie später immer vor Augen.

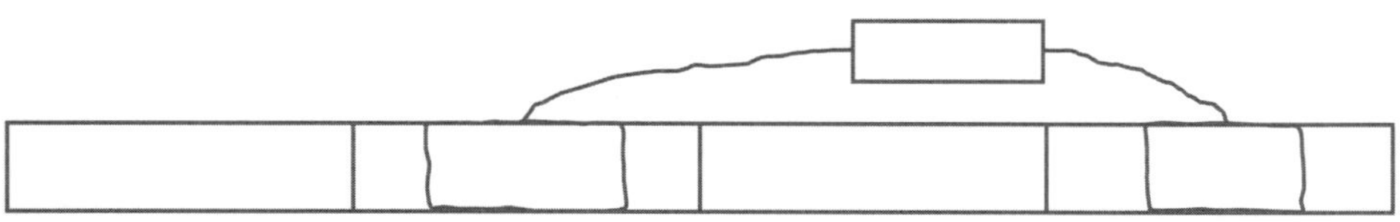

EA = Einzelarbeit
PA = Partnerarbeit
GA = Gruppenarbeit
PL = Plenum

Subjekte für eine Liebesgeschichte formulieren

		Zeit	Lernaktivitäten	Material	Kompetenzen
1	EA	5′	S setzen in den Lückentext die fehlenden Satzglieder ein.	M1.A1	- Merkmale und Funktionen von Satzgliedern (Subjekt) kennen - operationale Verfahren zur Bestimmung von Satzgliedern anwenden - einfache Techniken der Ideenfindung (Fragengerüst) anwenden - Arbeitsaufträge korrekt umsetzen - in lesbarer Handschrift schreiben - zielgerichtet und kooperativ arbeiten - kritische Bewertung vornehmen
2	PA	10′	S vergleichen ihre Ergebnisse. Anschließend lesen und besprechen sie gemeinsam den Infotext in der Randspalte des Arbeitsblattes. Sie formulieren Fragen mit „wer oder was?“, um die Subjekte aus A1 zu ermitteln.	M1.A2	
3	GA	20′	S vergleichen und korrigieren ihre Ergebnisse. Danach ersetzen sie in einem Fragengerüst zu einer Liebesgeschichte die Fragewörter durch passende Subjekte. Sie stellen einzelne Sätze um und schreiben die Geschichte auf.	M1.A3	
4	PL	10′	Zwei ausgeloste Gruppen lesen ihre Geschichten vor. Feedback durch S und L.		
5	GA	15′	S erfinden selbst ein Fragengerüst für eine Geschichte nach dem zuvor bearbeiteten Beispiel.	M1.A4	
6	GA	20′	S schreiben zu dem Fragengerüst einer anderen Gruppe eine Geschichte.	M1.A5	
7	GA	5′	S lesen und überprüfen die Geschichte einer anderen Gruppe, welche zu ihrem Fragengerüst geschrieben wurde.	M1.A6	

Erläuterungen zur Lernspirale

Ziel der Doppelstunde ist, den Schülern die Möglichkeit zu geben, sich weitestgehend selbstständig zu erarbeiten, wie man das Subjekt eines Satzes ermittelt. Sie sollen das Satzglied als Satzgegenstand kennenlernen und dabei feststellen, dass dieses aus einem oder mehreren Wörtern bestehen kann.
Sollte keine Doppelstunde zur Verfügung stehen, kann eine Zäsur nach dem vierten Arbeitsschritt erfolgen. Insgesamt ist der Zeitrahmen der Stunde eng bemessen. Eventuell müssten die Schritte 6 und 7 in einer dritten Stunde durchgeführt werden.

Zum Ablauf im Einzelnen:
Im **1. Arbeitsschritt** lesen die Schüler zunächst den Lückentext und bemerken, dass dieser ohne die fehlenden Subjekte kaum verständlich ist. Anschließend setzen sie die vorgegebenen Satzglieder sinnvoll in die Lücken ein. Hier gibt es mehrere grammatikalisch richtige Möglichkeiten, von denen aber nur eine inhaltlich stimmig ist.
Der bearbeitete Lückentext wird im **2. Arbeitsschritt** in Tandems verglichen. Eventuell sollte darauf hingewiesen werden, die Ergebnisse auch auf inhaltliche Richtigkeit hin zu überprüfen. Im Infotext der Randspalte lernen die Schüler unter anderem die Fragewörter kennen, mit denen Subjekte bestimmt werden können. Mit Hilfe dieses Wissens formulieren sie nun Fragen zu den Sätzen des Lückentextes, deren Antwort das jeweilige Subjekt bildet.

Im **3. Arbeitsschritt** werden per Los Gruppen gebildet. Diese sollten nicht aus mehr als drei bis vier Personen bestehen. In der „Liebesgeschichte ohne Subjekte“ auf dem Arbeitsblatt ersetzen die Schüler zunächst die Fragewörter durch geeignete Subjekte. Da diese immer am Satzanfang stehen, sollen die Schüler einige Sätze umstellen, um die Geschichte lebendiger zu gestalten. Zu überlegen ist an dieser Stelle, ob die Geschichte von jedem Schüler aufgeschrieben wird. Ist die Zeit knapp bemessen, könnte darauf auch verzichtet werden.
Die verfassten Liebesgeschichten werden im **4. Arbeitsschritt** von zwei Gruppen im Plenum präsentiert und von der Klasse kritisch reflektiert.
Im **5. und 6. Arbeitsschritt** sollen die Schüler zunächst ein eigenes Fragengerüst zu einer Geschichte nach dem vorgegebenen Muster erstellen. Das Thema ist dabei freigestellt. Anschließend werden die Fragengerüste unter den Gruppen ausgetauscht. Jede Gruppe formuliert nun eine Geschichte zu den Fragen einer anderen. Diese sollte von einem Schüler jeder Gruppe schriftlich sauber auf einem Blatt festgehalten werden.
Im **7. Arbeitsschritt** erhält nun jede Gruppe ihr Fragengerüst und die dazugehörige Geschichte zurück. Die Schüler überprüfen, ob der Text stimmig ist und ob sinnvolle Subjekte eingesetzt wurden. So wenden sie erneut ihr erworbenes Wissen zu dem erarbeiteten Satzglied an.

✓ **Merkposten**
- Losgegenstände

05 Wer oder was ist hier das Subjekt?

A1 EA

Lies den folgenden Text. Sicherlich wirst du bemerken, dass dieser kaum verständlich ist. Man weiß nämlich nicht, **wer** oder **was** es ist, wovon hier die Rede ist. Setze anschließend die fehlenden Satzglieder an die richtigen Stellen.

Der Neandertaler

Vor etwa 120 000 Jahren entwickelte sich in Europa ____________________.

1856 fand ____________________ im Neandertal bei Düsseldorf Knochen

eines Menschen. ____________________ war eine Sensation für die

Wissenschaftler. Im Neandertal wurden auch ____________________ gefunden.

____________________ wurden schon benutzt.

Mit diesen Waffen war ____________________ gefahrloser geworden.

Sprechen konnten ____________________ wahrscheinlich noch nicht.

Fehlende Satzglieder

diese Menschen – der Neandertaler – Waffen und Werkzeuge – die Jagd
diese Entdeckung – ein Forscherteam – Pfeil und Bogen

A2 PA

Vergleicht eure Ergebnisse. Lest nun den Informationstext zum Subjekt in der Randspalte. Besprecht, wenn ihr etwas nicht versteht.
Formuliert anschließend aus den Sätzen Fragen, die immer mit wer oder was beginnen. Die Satzglieder, die ihr eingesetzt habt, sollen die Antwort sein. Unterstreicht Fragewörter und Antworten mit einer Wellenlinie.

Wer oder was entwickelte sich vor etwa 120 000 Jahren in Europa?

– Der Neandertaler.

Wer oder was fand 1856 …

____

____

____

____

____

____

■ Subjekt

Das Satzglied, das mit **wer oder was** erfragt wird, nennt man **Subjekt** (Satzgegenstand).

Es gibt an, wer etwas tut:

- **Der neue Schüler** kommt in die Klasse.
- **Wer oder was** kommt in die Klasse?
  – Der neue Schüler.

Das Subjekt kann aus einem oder mehreren Wörtern bestehen.

Das Subjekt bestimmt die Endung des Prädikats:

- **Das Haus** steht im Grünen.
- **Die Häuser** stehen im Grünen.
- **Du** steh**st** im Grünen.
- **Wir** steh**en** im Grünen.

EA = Einzelarbeit
PA = Partnerarbeit
GA = Gruppenarbeit
PL = Plenum

A3 GA

Vergleicht und korrigiert eure Ergebnisse.
Lest das Fragengerüst für eine Liebesgeschichte. Setzt in die Sätze statt der Fragen passende Subjekte ein. Wenn ihr dann noch einige Sätze umstellt, wird eine richtige Liebesgeschichte daraus. Schreibt eure Geschichte sauber auf und umrahmt in jedem Satz das Subjekt. Die Geschichte sollt ihr anschließend im Plenum präsentieren.

Eine Liebesgeschichte ohne Subjekte

Wer galt bei allen als supercool?
Wer begegnete ihm in der Schule zum ersten Mal?
Wer oder was gefiel ihm sehr gut?
Wer gab ihm einen „guten" Kennlern-Tipp?
Wer oder was war ihm zu blöd?
Wer sprach ständig mit ihr in der Pause?
Wer war deswegen richtig eifersüchtig?
Wer kam neulich in der Pause plötzlich lächelnd auf ihn zu?
Wer wollte cool sein und ging davon?
Wer schenkte ihr zum Trost eine Blume?
Wer oder **was** war der Auslöser für ihre Liebe?
Wer war kurz darauf ein Paar?
Wer lachte den Coolen deswegen aus?
Wer hat sich später über sich selbst geärgert?

A4 GA

Erfindet selbst ein Fragengerüst für eine Geschichte. Das Thema dürft ihr frei wählen. Schreibt eure Fragen sauber auf ein Blatt. Arbeitet sorgfältig, denn eine andere Gruppe soll zu eurem Gerüst eine Geschichte schreiben.

A5 GA

Denkt euch zu dem Fragengerüst einer anderen Gruppe eine Geschichte aus. Schreibt diese auf und umrahmt die Subjekte.

A6 GA

Lest und überprüft die Geschichte zu eurem Fragengerüst.
Sind sinnvolle Subjekte eingesetzt worden?

Willst du noch weiter zum Thema Subjekte üben? Einen Internetlink mit vielen Übungsmaterialien findest du unter www.klett.de/klippert

EA = Einzelarbeit
PA = Partnerarbeit
GA = Gruppenarbeit
PL = Plenum

Ein Suchrätsel zu Objekten erstellen

		Zeit	Lernaktivitäten	Material	Kompetenzen
1	EA	10′	S lesen die Informationen auf dem Arbeitsblatt. Anschließend vervollständigen sie die begonnene Übersicht. Dazu bilden sie eigene Beispielsätze.	M1.A1	- Merkmale und Funktionen von Satzgliedern (Objekte) kennen - operationale Verfahren zur Bestimmung von Satzgliedern anwenden - Arbeitsaufträge erfassen und korrekt umsetzen - ein Rätsel anfertigen - zielgerichtet arbeiten und kooperieren - Textverarbeitungsprogramme und ihre Möglichkeiten nutzen - in lesbarer Handschrift schreiben
2	PA	20′	S vergleichen ihre Übersichten. Danach ersetzen sie in einem Text Fragewörter durch passende Objekte und schreiben den überarbeiteten Text auf das Arbeitsblatt. Abschließend sortieren sie die eingesetzten Satzglieder in einer Tabelle nach Dativ- und Akkusativobjekten.	M1.A2	
3	GA	10′	S unterstreichen in einem Textausschnitt alle Objekte und setzen sie in ein Gitterrätsel ein.	M1.A3	
4	PL	5′	Der Vertreter einer Gruppe nennt die eingesetzten Objekte.	M2	
5	GA	35′	S fertigen nach der Anleitung des Arbeitsblattes ein Suchrätsel an.	M1.A4, M3	
6	HA		S lösen mindestens zwei Suchrätsel einer anderen Gruppe.		

Erläuterungen zur Lernspirale

✓ **Merkposten**

- M3 in Gruppenstärke kopieren
- Losgegenstände
- evtl. Computerraum reservieren

Ziel der Doppelstunde ist, zu erkennen, dass das Prädikat häufig einer oder mehrerer Ergänzungen, der Objekte, bedarf. In dieser Lernspirale lernen die Schüler das Dativ- und das Akkusativobjekt kennen und erfahren, mit welchen Wörtern diese erfragt werden können. Anwenden sollen die Schüler ihre erworbenen Kenntnisse, indem sie Beispielsätze formulieren und die Objekte in einem Suchrätsel verstecken. Eine Zäsur ist nach dem dritten Arbeitsschritt möglich.

Zum Ablauf im Einzelnen:
Im **1. Arbeitsschritt** lesen die Schüler zunächst den Infokasten und erarbeiten sich selbstständig die Thematik der Lernspirale. Zu dieser selbstständigen Arbeit gehört auch, dass sie die aufgenommenen Informationen in einer Übersicht umsetzen. Schwächeren Schülern wird zu diesem Zeitpunkt das Formulieren eigener Beispielsätze eher noch schwer fallen. Eventuell sollte der Lehrer hier unterstützend eingreifen, indem er zum Beispiel noch einmal auf die Sätze des Infokastens verweist.
Ihre erarbeiteten Übersichten überprüfen die Schüler in der Partnerarbeit des **2. Arbeitsschritts**. Hier empfiehlt es sich, die Bildung der Partnergruppen nicht ohne Weiteres dem Zufall zu überlassen. Schwächere Schüler sollten die Gelegenheit bekommen, mit stärkeren zusammenzuarbeiten. Das in der nächsten Übung erforderliche Sprachgefühl bei der Unterscheidung zwischen „wem" und „wen" ist beispielweise bei Schülern mit Migrationshintergrund häufig nicht vorhanden. Im Tandem ersetzen die Schüler die mit Fragewörtern gefüllten Klammern des Textes durch die entsprechenden Objekte. Den so bearbeiteten Text übertragen sie auf das Arbeitsblatt. Nebenbei kann so das saubere und richtige Abschreiben geübt werden. Abschließend müssen die eingesetzten Satzglieder noch einmal nach Dativ- und Akkusativobjekt unterschieden und in die Tabelle eingeordnet werden.
Im **3. Arbeitsschritt** treffen sich die Schüler in Gruppen. Auch hier ist es sinnvoll, wieder auf die Gruppenzusammensetzung zu achten. In einem Textausschnitt müssen zunächst die Objekte unterstrichen werden. Dabei werden zwei Unterstreichungen (gerade und wellenförmig) benutzt, um die Objekte ihrer Funktion nach zu unterscheiden. Anschließend tragen die Schüler sie in die entsprechenden Zeilen des Gitterrätsels ein. Das Lösungswort lautet „KRIMI".
Obwohl das Lösungswort der Selbstkontrolle dient, sollten die Objekte im Plenum des **4. Arbeitsschritts** noch einmal genannt werden.
Im **5. Arbeitsschritt** erstellen die Schüler ein Suchrätsel, indem sie Objekte in einem Buchstabengitter verstecken. Sie erarbeiten sich die Arbeitsanweisung (siehe M3) selbstständig. Bei der Anfertigung des Rätsels arbeiten sie genau und sauber, da die Rätsel jeweils von anderen Schülern gelöst werden. Stehen im Klassenraum mehrere Computer zur Verfügung, können kundige Schüler die Rätsel in digitaler Form erstellen. Da es sich bei einem Buchstabengitter um eine Tabelle handelt, wäre es auch möglich, diese in einer Extrastunde mit der gesamten Klasse im Computerraum zu erstellen. Der Schwerpunkt *Tabellen mit dem Computer erstellen* könnte so im Fachunterricht trainiert werden.
Für die **Hausaufgabe** müssen die fertig gestellten Rätsel kopiert werden. Wenn dies aus organisatorischen Gründen bis zum Ende der Stunde nicht erfolgt ist, werden die Rätsel in der nächsten Stunde ausgeteilt und bearbeitet.

06 Objekt ist nicht gleich Objekt

A1 EA

Lies den Informationskasten zu den Objekten. Vervollständige anschließend die begonnene Übersicht. Erfinde eigene Beispielsätze und unterstreiche die Objekte.

Objekte

In vielen Sätzen wird das Prädikat durch ein weiteres Satzglied ergänzt. Diese Ergänzungen nennt man Objekte.

Der Fußball	gehört	meinem Freund.	
	↑ Prädikat	↑ Ergänzung/Objekt	
Melanie	hört	ihren Vater	singen.
	↑ Prädikat	↑ Ergänzung/Objekt	

Im ersten Beispielsatz erfragt man das Objekt mit „Wem?" Man nennt es Dativobjekt.

Wem gehört der Fußball? Meinem Freund.

Im zweiten Beispielsatz erfragt man das Objekt mit „Wen oder was?" Man nennt es Akkusativobjekt.

Wen oder was hört Melanie singen? Ihren Vater.

Man unterscheidet also zwischen Dativobjekten und Akkusativobjekten. Dativobjekte erfragt man mit „Wem?", Akkusativobjekte mit „Wen oder was?".

Wichtig!
Frage immer im Zusammenhang mit dem Prädikat!
„Wem gehört...? / Wen oder was hört Melanie ...?"

Objekte

	Akkusativobjekt
Frage mit ...	Frage mit ...
Wem?	
Beispielsatz:	Beispielsatz:
____________	____________
____________	____________
____________	____________

EA = Einzelarbeit
PA = Partnerarbeit
GA = Gruppenarbeit
PL = Plenum

A2 PA

Vergleicht eure Ergebnisse und korrigiert, wenn nötig.
Lest den Text und setzt für die Fragen die passenden Objekte ein. Schreibt den vollständigen Text auf die Linien. Unterstreicht alle Dativobjekte mit einer Wellenlinie und alle Akkusativobjekte mit einer geraden Linie. Ordnet anschließend alle Objekte in die richtige Spalte der Tabelle ein.

Am frühen Morgen verlässt eine Gruppe junger Neandertaler (wen oder was?).
Ihre bloßen Hände helfen (wem?) nur schlecht bei der Mammutjagd.
Aber sie haben (wen oder was?) dabei.
(wem?) verdanken sie eine gefahrlosere Jagd.
Außerdem legen sie (wen oder was?) in der Nähe von Wasserstellen an.
Doch leicht wollen die großen Beutetiere (wem?) (wen oder was?) nicht machen.
Immer wieder fallen einige Männer (wem?) zum Opfer.
Die Neandertaler nutzen (wen oder was?) optimal.
So dienen Knochen (wem?) zum Beispiel als Heiz- und Baumaterial.
(wen oder was?) können die Neandertaler schon selbst entzünden.
(wem?) verdanken sie eine verbesserte Ernährung und Licht in der Dunkelheit.

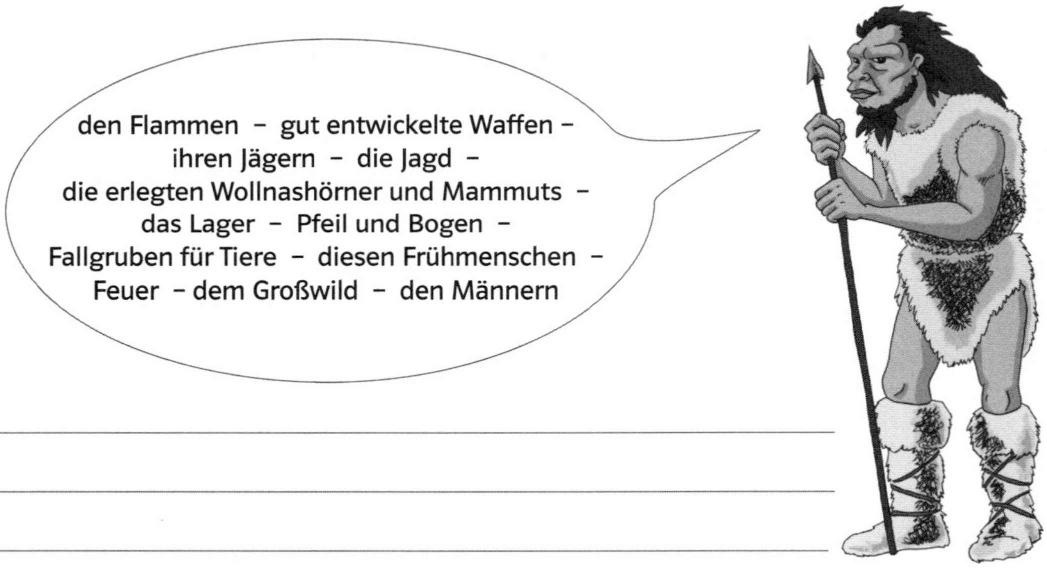

EA = Einzelarbeit
PA = Partnerarbeit
GA = Gruppenarbeit
PL = Plenum

Dativobjekt (Wem?)	Akkusativobjekt (Wen oder was?)

A3 GA

Vergleicht und korrigiert eure Ergebnisse. Lest anschließend den Textanfang der Geschichte in dem Kasten und unterstreicht alle Dativobjekte wellenförmig und alle Akkusativobjekte mit einer geraden Linie. Tragt dann die Objekte in das Gitter ein. Achtung: Die Reihenfolge ist durcheinander geraten! Wie heißt das Lösungswort?

> Kommissar Hansen hat einen harten Tag hinter sich. Gedankenverloren winkt er beim Verlassen des Hauses dem Pförtner zu. Aber als er sein Motorrad besteigen will, fühlt er deutlich die Gefahr, die in der Luft liegt. Dann sieht er den großen Mann, der im Schatten einer Haustür steht. Es fällt dem Kommissar siedend heiß ein, dass heute Max Mondrian entlassen wurde …

							2							
s	e	i	n	M	o	t	o	r	r	a	d			
		4												
			1				3							
	5													

Lösungswort:

1	2	3	4	5

Willst du noch weiter zum Thema Objekte üben? Einen Internetlink mit vielen Übungsmaterialien findest du unter www.klett.de/klippert

■ **Tipp**
Ihr könnt auch eigene Rätsel mit dem Computer anfertigen. Legt dazu in einem Textverarbeitungsprogramm eine Tabelle an, die ihr entsprechend formatiert.

A4 GA

Ihr habt von eurem Lehrer ein weiteres Arbeitsblatt bekommen. Fertigt gemeinsam nach der dort abgedruckten Anleitung ein Suchrätsel an. Schreibt sauber und deutlich! Eure Mitschüler sollen das Rätsel anschließend lösen. Bittet euren Lehrer, die Rätsel zu kopieren.

EA = Einzelarbeit
PA = Partnerarbeit
GA = Gruppenarbeit
PL = Plenum

Lösung zum Gitterrätsel

e	i	n	e	n	h	a	r	t	e	n	T	a	g	
d	e	n	g	r	o	ß	e	n	M	a	n	n		
s	e	i	n	M	o	t	o	r	r	a	d			
d	e	m	p	f	ö	r	t	n	e	r				
d	e	m	K	o	m	m	i	s	s	a	r			
d	i	e	G	e	f	a	h	r						

Lösungswort:

K	r	i	m	i

LS 06.M3 Anleitung zum Erstellen eines Suchrätsels

1. Schreibt 18 Sätze, die entweder ein Dativobjekt oder ein Akkusativobjekt enthalten, sauber auf ein Blatt Papier.
2. Zeichnet auf ein unliniertes Blatt ein quadratisches Gitter mit 18 mal 18 Kästchen. Ein Kästchen soll 1 cm hoch und 1 cm breit sein.
3. Schreibt die Objekte einzeln in je eine Zeile des Gitters. Ihr dürft nur von links nach rechts schreiben.
4. Versteckt die Objekte, indem ihr in die noch freien Kästchen beliebige Buchstaben schreibt.
5. Die Schüler, die euer Rätsel lösen, sollen die Objekte in euren Sätzen unterstreichen und in eurem Gitter suchen und einkreisen. Macht es ihnen nicht zu einfach.

Beispielsätze:
Die Jungen helfen ihrer Mutter in der Küche. Julia repariert ein Fahrrad.

S	Q	W	R	E	T	Z	U	I	J	G	E	F	D	S
R	R	F	D	Y	D	U	L	Ä	U	F	S	T	J	K
Q	W	E	R	T	Z	U	I	O	P	Ü	K	A	S	D
P	D	I	H	R	E	R	M	U	T	T	E	R	X	D
A	S	D	F	G	H	J	K	L	Ö	Ä	P	Ü	P	O
W	S	X	E	D	V	R	F	B	T	H	P	Z	J	M
Q	Ü	W	P	E	E	I	N	F	A	H	R	R	A	D
Y	A	Q	W	S	X	C	D	E	R	F	V	T	G	B

Eine Kartenpräsentation zu adverbialen Bestimmungen

		Zeit	Lernaktivitäten	Material	Kompetenzen
1	EA	5′	S lesen das Einladungsschreiben und notieren Fragen, die sich aus den fehlenden Angaben ergeben.	M1.A1	- Merkmale und Funktionen von Satzgliedern (adverbiale Bestimmungen) kennen - operationale Verfahren zur Bestimmung von Satzgliedern anwenden - Texte analysieren und überarbeiten - Präsentationstechniken anwenden - zielgerichtet und kooperativ arbeiten - in lesbarer Handschrift schreiben
2	PA	10′	S vergleichen ihre Fragen und besprechen die Mängel des Einladungsschreibens. Sie lesen den Infokasten und formulieren die Einladung neu.	M1.A2	
3	PA	10′	S notieren Fragen zu markierten adverbialen Bestimmungen in Beispielsätzen.	M1.A3	
4	GA	20′	S vergleichen und korrigieren ihre Ergebnisse. Sie lesen einen Text, ermitteln und unterstreichen adverbiale Bestimmungen und sortieren diese in eine Tabelle ein.	M1.A4	
5	GA	20′	Vorbereitung der Kartenpräsentation: S formulieren fünf Sätze mit adverbialen Bestimmungen. Diese sortieren sie nach Zeit- und Ortsbestimmungen und schreiben sie auf rote und grüne Karten.	M1.A5	
6	PL	15′	Ausgeloste Gruppen präsentieren ihre Karten und Sätze.		

Erläuterungen zur Lernspirale

Ziel der Doppelstunde ist das Kennenlernen adverbialer Bestimmungen der Zeit und des Ortes. Die Schüler erfahren, mit welchen Wörtern man diese erfragen kann und wie sie zu unterscheiden sind. Ihre Erkenntnisse wenden sie an, indem sie adverbiale Bestimmungen in eigenen Sätzen verwenden und diese mit Hilfe von Moderationskarten präsentieren. Eine Zäsur kann nach dem vierten Arbeitsschritt erfolgen.

Zum Ablauf im Einzelnen:
Im **1. Arbeitsschritt** lesen die Schüler ein misslungenes Einladungsschreiben, das keine adverbialen Bestimmungen der Zeit und des Ortes enthält. Sie werden bemerken, dass die potenziellen Gäste auf Grund der fehlenden Angaben nicht wissen können, wann und wo die Party stattfinden soll. In Form von Fragen notieren sie diese Feststellungen auf dem Arbeitsblatt.
Natürlich ist dabei nicht auszuschließen, dass einige Schüler auch ganz andere Fragen stellen werden, die mit dem Thema der Lernspirale nichts zu tun haben. Aus diesem Grund vergleichen die Schüler im **2. Arbeitsschritt** ihre Fragen und lesen anschließend die Informationen zu adverbialen Bestimmungen. Nun sollte klar sein, dass es hier um die fehlenden Zeit- und Ortsbestimmungen geht. Auf der Basis der gewonnenen Informationen formulieren sie nun das Einladungsschreiben neu. Es ist davon auszugehen, dass ein Großteil der Schüler dabei adverbiale Bestimmungen, wenn auch eher intuitiv, verwenden.

Im **3. Arbeitsschritt** wird nun die Aufmerksamkeit auf die Fragewörter zur Ermittlung und Bestimmung von adverbialen Bestimmungen gelenkt. Die Schüler haben bereits entsprechende Fragewörter kennengelernt. Diese wenden sie nun an, indem sie Fragen stellen, deren Antwort die markierten adverbialen Bestimmungen in den Beispielsätzen sind. Hierbei lernen die Schüler auch, dass Zeitangaben nicht immer aus konkreten Uhrzeiten bestehen müssen.
Im **4. Arbeitsschritt** sind die Schüler aufgefordert, alle adverbialen Bestimmungen in einem Text zu finden und zu unterstreichen. Dabei müssen sie ihre bisher erworbenen Kenntnisse anwenden. Auf einem Extrablatt legen sie anschließend eine Tabelle an. In diese sollen sie die unterstrichenen adverbialen Bestimmungen eintragen und dabei zwischen adverbialen Bestimmungen der Zeit und des Ortes unterscheiden.
Zur Vorbereitung der Kartenpräsentation im **5. Arbeitsschritt** sollen die Schüler eigene Sätze mit entsprechenden adverbialen Bestimmungen erfinden. Anschließend schreiben sie die verwendeten adverbialen Bestimmungen der Zeit auf rote Karten und die des Ortes auf grüne. In dieser Vorbereitungsphase müssen die Schüler darauf hingewiesen werden, dass sie während der Präsentation ihre Sätze vorlesen und die verwendeten adverbialen Bestimmungen an die Tafel hängen sollen.
Im **6. Arbeitsschritt** werden einige Gruppen ausgelost, die ihre Ergebnisse präsentieren. Die Klasse achtet darauf, ob es sich wirklich um adverbiale Bestimmungen handelt. Ein Feedback erhält die Gruppe von den Schülern und dem Lehrer.

✓ Merkposten
- Moderationskarten
- Befestigungsmaterial
- Losgegenstände

07 Wo und wann es geschieht

A1 EA

Max hat Geburtstag. Nachdem er die Einladung an seine Mitschüler verschickt hat, bekommt er Anrufe mit vielen Rückfragen. Was wollen die Gäste wohl wissen? Notiere die Fragen auf den Linien.

> Liebe Mitschülerinnen und Mitschüler,
>
> ich lade euch zu meinem Geburtstag ein. Ihr sollt kommen.
> Die Party steigt.
>
> Herzliche Grüße
>
> Euer Max

A2 PA

Vergleicht eure Fragen. Sicherlich habt ihr festgestellt, dass in der Einladung nicht steht, wann und wohin die Gäste kommen sollen. Max hat in seinem Schreiben zwei entscheidende Satzglieder vergessen. Welche das sind, erfahrt ihr in dem Infokasten. Lest diesen gemeinsam und schreibt anschließend die Einladung neu.

> !
>
> **Adverbiale Bestimmungen**
> Satzglieder, die über **die Zeit** oder **den Ort** des Geschehens Auskunft geben, nennt man **Adverbiale** oder auch **adverbiale Bestimmungen**.
> Die **adverbiale Bestimmung der Zeit** antwortet auf die Fragen:
> **Wann?, Seit wann?, Wie lange?**
> Die **adverbiale Bestimmung des Ortes** antwortet auf die Fragen:
> **Wo?, Wohin?**

Liebe Mitschülerinnen und Mitschüler,

EA = Einzelarbeit
PA = Partnerarbeit
GA = Gruppenarbeit
PL = Plenum

A3 PA

Stellt Fragen zu den markierten adverbialen Bestimmungen.
Schreibt sie wie im Beispiel mit den Fragewörtern auf die Linien.

In den Weihnachtsferien fahre ich mit der Familie meines Freundes in die Berge.

Wann? In den Weihnachtsferien.

In dem Urlaubsort soll es eine tolle Rodelbahn geben.

___

Ich freue mich schon seit Wochen auf diesen Urlaub.

___

Wir werden eine Woche lang zu viert in einer Ferienwohnung leben.

___

Diese Wohnung haben die Eltern meines Freundes schon im letzten Jahr gebucht.

___

Zu der Rodelbahn müssen wir nur 15 Minuten gehen.

___

Hoffentlich werde ich in diesem Urlaub nicht wieder krank.

___

A4 GA

Vergleicht und korrigiert eure Ergebnisse. In dem folgenden Text befinden sich viele adverbiale Bestimmungen der Zeit und des Ortes. Unterstreicht diese. Legt anschließend auf einem Blatt eine Tabelle an. Ordnet die adverbialen Bestimmungen in die Tabelle ein.

Tipp
Nach diesem Muster könnt ihr eure Tabelle anlegen:

adv. Best. der Zeit	adv. Best. des Ortes
...	...

Die Geschichte der Pizza

Vor 3000 Jahren bereiteten die Etrusker Teigfladen auf heißen Steinen zu. Der gebackene Fladen wurde später mit verschiedenen Lebensmitteln belegt und diente so als essbarer Teller. Dieser Teller wurde in Griechenland weiter entwickelt. Der Fladen wurde erst belegt und dann im Ofen gebacken. So war die Urform der heutigen Pizza entstanden. Die Griechen eroberten ein paar hundert Jahre später den südlichen Teil Italiens. Hier übernahmen die Römer kurze Zeit später das Rezept und die moderne Pizza entstand.
Erst viel später fand man die Tomaten auf der Pizza. Seefahrer brachten sie um 1522 aus Südamerika nach Europa. Im 17. Jahrhundert wurde die Pizza in Neapel berühmt. In den ärmeren Vierteln der Stadt bereiteten kleine Backstuben ein herrliches Gericht zu: die Pizza. Die erste Pizzalieferung fand im Jahre 1889 statt. Raffaele Esposito, Besitzer des Restaurants Pietro il Pizzaiolo, brachte sie zu König Umberto und seiner Gemahlin Königin Magherita von Savoyen.
Die größte Pizza der Welt hatte einen Durchmesser von 37,5 Metern und wurde am 8. Dezember 1990 in Südafrika gebacken.

A5 GA

Bereitet eine Kartenpräsentation vor. Formuliert dazu fünf Sätze, in denen sich entweder eine adverbiale Bestimmung der Zeit oder des Ortes befinden. Schreibt die adverbiale Bestimmung der Zeit auf rote Karten und die des Ortes auf grüne.
Im Plenum sollt ihr eure Sätze vorlesen und die entsprechenden Karten an die Tafel hängen. Erklärt, warum es sich jeweils um eine adverbiale Bestimmung des Ortes oder der Zeit handelt.

EA = Einzelarbeit
PA = Partnerarbeit
GA = Gruppenarbeit
PL = Plenum

Eine Wandzeitung zu Satzgliedern gestalten

		Zeit	Lernaktivitäten	Material	Kompetenzen
1	EA	10′	Jedem S wird durch Los ein Stichwort zum Thema Satzglieder zugeordnet. S tragen zu diesem Stichwort alle wichtigen Informationen auf einem Notizzettel zusammen.	M1.A1	- Merkmale und Funktionen von Satzgliedern kennen - operationale Verfahren zur Bestimmung von Satzgliedern anwenden - eine Wandzeitung gestalten - Präsentationstechniken anwenden - zielgerichtet und kooperativ arbeiten
2	GA	15′	S treffen sich in themengleichen Gruppen und tauschen sich über den Inhalt ihrer Notizen aus. Sie sammeln Ideen zur visuellen Darstellung ihres Stichworts.	M1.A2	
3	GA	55′	S treffen sich in Mischgruppen, in denen jedes Stichwort einmal vertreten ist, und teilen sich die Ergebnisse der vorhergegangenen Gruppenarbeit mit. Sie gestalten gemeinsam eine Wandzeitung zum Thema Satzglieder.	M1.A3	
4	PL		IN DER FOLGESTUNDE: „Museumsrundgang“.		

Erläuterungen zur Lernspirale

✓ **Merkposten**

- mehrere Bögen Packpapier oder Tapetenrollen
- Klebstoff
- dicke Filzstifte
- buntes Papier
- Moderationskarten
- Befestigungs-material
- Loskarten für die Stichwort-Gruppen in Klassenstärke

Bildung der Mischgruppen:

Die Mitglieder der themengleichen Gruppen zählen von 1 bis x.

Gleiche Zahlen bilden die Mischgruppen.

Ziel der Doppelstunde ist, dass die Schüler ihr Wissen über die bisher behandelten Satzglieder noch einmal reflektieren und zusammenfassen. Dazu tragen sie alle relevanten Informationen zusammen und gestalten informierende Wandzeitungen, die in einem „Museumsrundgang“ begutachtet werden. Anschließend können sie auch in der Schule ausgehängt werden, um die Arbeit der Klasse zu präsentieren.
Da die Erstellung der Wandzeitung viel Zeit in Anspruch nimmt, muss der „Museumsrundgang“ in einer der Folgestunden stattfinden. Eine Zäsur kann während des dritten Arbeitsschritts erfolgen. Die Wandzeitung wird dann in der nächsten Unterrichtsstunde fertig gestellt.

Zum Ablauf im Einzelnen:
Im **1. Arbeitsschritt** werden die Schüler durch Loskarten einem Stichwort zum Thema Satzglieder zugeordnet (Loskarten in Klassenstärke herstellen und mit den Stichwörtern beschriften). Die folgende Liste von Stichwörtern mit Arbeitsschwerpunkten bietet sich dazu an: *Umstellprobe, Prädikat, zweiteiliges Prädikat, Subjekt, Objekte, adverbiale Bestimmungen*. Natürlich können auch Stichwörter weggelassen oder andere gewählt werden. Für die Arbeit zu den Stichwörtern dienen die entsprechenden Schülerarbeitsblätter als Informationsquelle.
Im **2. Arbeitsschritt** treffen sich die Schüler eines Stichwortes in einer Gruppe. Bei Klassen mit durchschnittlich 30 Schülern ergeben sich bei sieben Stichwörtern somit 4er- bzw. 5er-Gruppen. Hier werden zunächst die auf den Notizzetteln gesammelten Informationen ausgetauscht und ergänzt. Anschließend beraten die Schüler darüber, wie sie ihr Stichwort in einer Wandzeitung zum Thema Satzglieder am besten präsentieren. Sie berücksichtigen inhaltliche und gestalterische Aspekte. Die auf dem Arbeitsblatt vorgegebenen Gesichtspunkte unterstützen ihre Überlegungen.

In den Mischgruppen des **3. Arbeitsschritts** informieren sich die Schüler über die Ergebnisse der vorangegangenen Gruppenarbeit. Anschließend planen und gestalten sie gemeinsam die Wandzeitung. Sinnvoll ist es, wenn sie zunächst einen Entwurf auf einem Blatt Papier anfertigen. Auf dem Arbeitsblatt ist ein Beispiel abgebildet. Der Entwurf wird auf einen großen Bogen Packpapier oder ein längeres Stück Tapete übertragen. Einzelne Elemente der Wandzeitung können auf Moderationskarten oder buntes Papier geschrieben werden. So können alle Schüler gleichzeitig an der Zeitung arbeiten und Ergänzungen und Korrekturen sind einfacher zu bewerkstelligen.
Aus Zeitgründen muss der „Museumsrundgang“ des **4. Arbeitsschritts** in der Folgestunde stattfinden. Dazu müsste ein Laufzettel (s.u.) angefertigt werden. Die Schüler sichten in Gruppen jede Wandzeitung und begutachten sie mit Hilfe der Leitfragen des Laufzettels. Der Vorteil dieser Präsentationsform besteht darin, dass die Ergebnisse aller Gruppen gewürdigt werden. Zusätzlich könnte je ein Schüler jeder Gruppe vor der eigenen Zeitung stehen und so mit den Betrachtern in eine Diskussion eintreten.

„Museumsrundgang“: Muster für einen Laufzettel

Leitfragen	Gruppe 1	Gruppe 2	Gruppe 3	Gruppe 4	Gruppe 5
Ist die Wandzeitung übersichtlich gestaltet?					
Ist die Schrift lesbar?					
Ist die Wandzeitung informativ und ohne inhaltliche Fehler?					
...					

08 Wir fassen zusammen

A1 EA

Du hast dich in den letzten Stunden mit Satzgliedern befasst. Zu diesem Thema wurde dir ein Stichwort zugelost. Blättere noch einmal in den Arbeitsblättern, auf denen dieses behandelt wird. Trage auf einem Notizzettel alles Wichtige zu deinem Stichwort zusammen. Dies können Erläuterungen, Beispielsätze oder Fragen sein, mit denen man Satzglieder ermittelt.

A2 GA

Arbeitet in themengleichen Gruppen zu eurem Stichwort. Lest eure Notizen vor und tragt sie zusammen. Überlegt gemeinsam, welche Informationen, Beispielsätze, Schaubilder usw. zu eurem Stichwort in einer späteren Wandzeitung Verwendung finden sollen.
Orientiert euch dabei an folgenden Leitfragen:

- Wie kann man Satzglieder ermitteln?
- Wie erkennt man, um welches Satzglied es sich handelt?
- Gibt es Besonderheiten, die zu beachten sind?
- Wozu kann die Kenntnis über die Satzglieder dienen?
- Sollten bestimmte Begriffe erläutert werden?
- Welche Beispielsätze könnte man verwenden?

A3 GA

Trefft euch in Mischgruppen, sodass jedes Stichwort mindestens einmal vertreten ist. Teilt euch gegenseitig die Ergebnisse der vorangegangenen Gruppenarbeit mit. Plant und gestaltet gemeinsam eine Wandzeitung, in der alle Themen der Stichwörter ausführlich dargestellt werden.

Ausschnitt und Beispiel für eine Wandzeitung

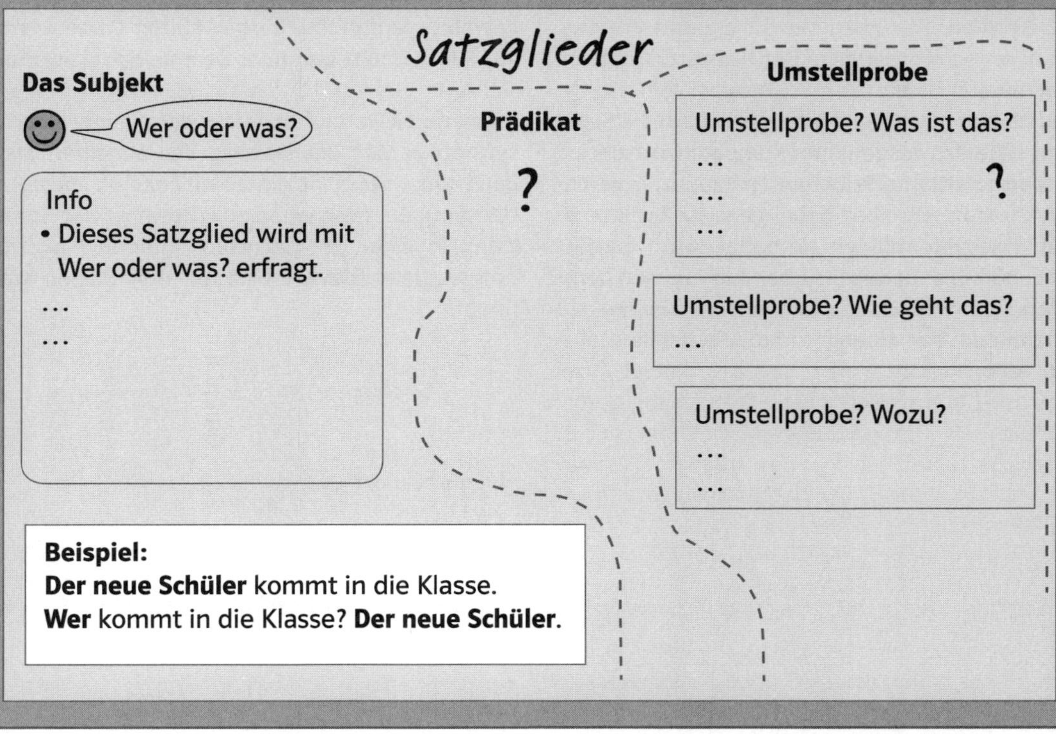

Wandzeitung

Eine Wandzeitung soll die Ergebnisse eurer Arbeit zum Thema Satzglieder für andere sichtbar machen. Ihr könnt sie in der Klasse, aber auch überall in der Schule aushängen. Aus diesem Grund solltet ihr euch schon während der Vorbereitung Gedanken zu ihrer Gestaltung machen.

1. Eine große Überschrift zeigt sofort das Thema und erweckt Neugier.
2. Bilder, Symbole und Zeichnungen erwecken Bereitschaft, sich mit den Inhalten eurer Wandzeitung auseinanderzusetzen.
3. Eine große Schrift verbessert die Lesbarkeit.
4. Eine gute Gliederung hilft den Lesern, sich zu orientieren.

EA = Einzelarbeit
PA = Partnerarbeit
GA = Gruppenarbeit
PL = Plenum

Einen individuellen Arbeits- und Übungsplan entwickeln

		Zeit	Lernaktivitäten	Material	Kompetenzen
1	EA	10′	S füllen das Kompetenzraster zum Thema Satzglieder aus.	M1.A1	- Lernziele formulieren - über Lernerfahrungen sprechen - sich selbst einschätzen - Übungs- und Arbeitsplan erstellen - Arbeitsschritte planen - Lerntipps weitergeben - aktiv zuhören - zielgerichtet und kooperativ arbeiten
2	PA	30′	S erläutern sich gegenseitig, was sie schon gut können und was sie noch üben müssen. Anschließend formulieren sie Lerntipps und konkrete Arbeitsvorhaben. Sie füllen gemeinsam ihre Übungs- und Arbeitspläne aus und überlegen, was sie wann und mit wem bearbeiten möchten.	M1.A2, M2	
3	GA	25′	S besprechen ihre Übungs- und Arbeitspläne und vereinbaren bei Bedarf einen Termin für eine Einzelberatung mit dem L.	M1.A3	
4	PL	15′	Ein bis zwei Übungs- und Arbeitspläne werden in der Klasse vorgestellt und exemplarisch besprochen.		

Erläuterungen zur Lernspirale

✓ Merkposten
- Overhead-Projektor
- Folien

Ziel der Doppelstunde ist, das erworbene Wissen zu überprüfen und einen individuellen Übungs- und Arbeitsplan zu erstellen. Die Schüler reflektieren so weitestgehend selbstständig ihren eigenen Lernstand.
Steht keine Doppelstunde zur Verfügung, kann die Lernspirale nach dem zweiten Arbeitsschritt unterbrochen werden. Gruppenarbeit und Plenum der folgenden Arbeitsschritte finden dann in der nächsten Unterrichtsstunde statt.

Zum Ablauf im Einzelnen:
Im **1. Arbeitsschritt** füllen die Schüler das Kompetenzraster zum Thema Satzglieder aus. Der Lehrer sollte sich hierbei zurückhalten. Natürlich kann er auf Wunsch als Berater zur Verfügung stehen. Auf jeden Fall sollten die Schüler die Gelegenheit haben, ohne Zensurendruck ihren eigenen Wissensstand zu überprüfen. So lernen sie, ihr eigenes Können, aber auch noch vorhandene Defizite einzuschätzen. Dabei müssen sie ehrlich zu sich selbst sein.
Im Austausch mit einem Partner erläutern die Schüler mit Hilfe des ausgefüllten Kompetenzrasters im **2. Arbeitsschritt** ihre Selbsteinschätzung. Sie verbalisieren und beschreiben dabei genauer ihren Lernstand. Einerseits müssen sie dabei ihrem Partner aktiv zuhören, andererseits über ihre eigenen Lernerfahrungen sprechen. Gemeinsam füllen sie anschließend ihre Übungs- und Arbeitspläne aus. Dabei legen sie zunächst fest, zu welchen Teilen des Themas noch Übungsbedarf besteht. Anschließend überlegen sie, wie, eventuell mit wem und bis wann, sie dazu arbeiten wollen.
In der Gruppenarbeit des **3. Arbeitsschritts** stellen sich die Schüler ihre Arbeitspläne noch einmal gegenseitig vor. Sollten einzelne Schüler noch Probleme mit ihren Plänen haben, die auch in der Gruppe nicht gelöst werden können, kann der Lehrer in dieser Phase um eine Einzelberatung gebeten werden. Das sollte aber auch hier nur auf freiwilliger Basis geschehen.
Im **4. Arbeitsschritt** werden nun exemplarisch zwei Übungs- und Arbeitspläne vorgestellt und besprochen. Es finden sich immer Schüler, die bereit sind, ihren Plan „zu veröffentlichen“. Wenn die Möglichkeit besteht, sollten dazu ein Schüler mit mittlerem und einer mit schwachem Leistungsvermögen ausgewählt werden. Die ausgewählten Pläne werden auf Folie kopiert und über Overhead-Projektor präsentiert.
Im weiteren Verlauf bleibt es dem Lehrer überlassen, ob er der Bearbeitung der erstellten Pläne Raum im Unterricht einräumt oder ob dieses als Hausaufgabe geschehen soll. Bewährt hat es sich, wenn in einer der nächsten Stunden ein Erfahrungsaustausch zur Arbeit mit den Plänen stattfindet.

Notizen:

09 Das kann ich jetzt

A1 EA

Du hast dich in den letzten Stunden mit dem Thema Satzglieder beschäftigt. Um einzuschätzen, was du jetzt gut kannst und was du noch üben musst, kreuze in der Tabelle sorgfältig an. Sei ehrlich zu dir selbst. Es gibt hier keine Zensuren.

	Ich kann ...	☺	😐	☹
1	... genau erklären, was Satzglieder sind und woraus diese bestehen.			
2	... Sätze umstellen und die Satzglieder unterscheiden.			
4	... meine Texte abwechslungsreicher gestalten, indem ich Sätze umstelle.			
5	... beschreiben, was ein Prädikat ist und woraus es gebildet wird.			
6	... sagen, an welcher Stelle des Aussagesatzes das einteilige Prädikat steht.			
7	... ein- und zweiteilige Prädikate erkennen und unterscheiden.			
8	... erklären, welche Frage man stellen muss, um ein Subjekt zu erkennen.			
9	... erklären, welche Fragen man stellen muss, um Objekte zu erkennen.			
10	... den Unterschied zwischen einem Dativobjekt und einem Akkusativobjekt beschreiben.			
11	... Objekte in Sätzen finden und unterstreichen.			
12	... den Unterschied zwischen adverbialen Bestimmungen der Zeit und adverbialen Bestimmungen des Ortes erklären.			
13	... die Fragewörter nennen, mit denen man adverbiale Bestimmungen ermittelt.			
14	... adverbiale Bestimmungen in Sätzen finden und unterstreichen.			
15	... die Satzglieder eines einfachen Aussagesatzes durch die Umstellprobe ermitteln und benennen.			

☺ gut
😐 mittelmäßig
☹ noch nicht so gut

A2 PA

Erkläre deinem Partner, was du schon gut kannst und was du noch üben musst. Von eurem Lehrer habt ihr einen leeren Arbeitsplan bekommen. Überlegt gemeinsam, was ihr in die Spalte „So will ich üben" eintragt. Denkt dabei an konkrete Übungsaufgaben. Erstellt gemeinsam eure Arbeitspläne.

A3 GA

Besprecht eure Arbeitspläne. Hier geht es nicht um Zensuren. Wenn ihr das Bedürfnis nach einem Beratungsgespräch mit eurem Lehrer habt, bittet ihn um einen Gesprächstermin.

EA = Einzelarbeit
PA = Partnerarbeit
GA = Gruppenarbeit
PL = Plenum

Mein Arbeits- und Übungsplan zum Thema: ______________________

Das muss ich noch üben!	So will ich üben:	Wann?	Mit wem?

Cluster/Clustering: Begriffe werden auf Kärtchen geschrieben und an der Pinnwand/Tafel so geordnet bzw. verknüpft, dass sich Begriffsgruppen ergeben (= Cluster).

Doppelkreis (auch Kugellager): Die Schüler sitzen oder stehen sich in einem Innen- und Außenkreis paarweise gegenüber und halten sich wechselseitig Vorträge, führen Interviews etc. Die Hälfte der Klasse ist also mündlich aktiv.

Expertengruppe: Die Mitglieder der betreffenden Gruppe spezialisieren sich auf ein bestimmtes Thema/Material/Problem und erarbeiten sich korrespondierendes Expertenwissen. Sie bereiten Vorträge vor und halten diese vor der Klasse oder in anderen Gruppen.

Feedback: Die Schüler geben Mitschülern oder auch Lehrern Rückmeldungen zu bestimmten Arbeitsphasen bzw. Arbeitsweisen. Das Feedback folgt bestimmten Regeln und sollte auf jeden Fall fair und ermutigend sein.

Kartenspiel: Kartenspiele helfen, Gruppen zu bilden oder bestimmte Präsentatoren auszulosen. In Frage kommen fertige Kartenspiele (Skat- oder Rommeekarten) oder spezifische Kartensets, die man selbst erstellen kann (Glückwunsch-, Ziffern- oder Begriffskarten).

Kooperative Präsentation: Zum Abschluss einer Gruppenarbeit präsentieren zwei oder mehr Schüler das jeweilige Gruppenergebnis. Die Präsentatoren können ausgelost werden. Die Präsentation muss so vorbereitet werden, dass die betreffenden Sprecher in etwa gleichgewichtig zu Wort kommen.

Lehrervortrag: Die Lehrkraft präsentiert/erläutert lernrelevante Sachverhalte an der Tafel oder in anderer Weise im Plenum. Damit wird den Schülern „Futter" für die Eigenarbeit gegeben.

Losverfahren: Die Schüler werden nach dem Zufallsprinzip gruppiert. Das kann durch Abzählen, Nummern auf Arbeitsblättern oder durch Ziehen von Spielkarten, Puzzleteilen, Symbolkarten, Namenskarten etc. geschehen.

Mischgruppen: Die Mitglieder unterschiedlicher Stammgruppen werden quer gemischt, so dass sich in jeder Mischgruppe mindestens ein Vertreter aller Stammgruppen findet (siehe Gruppenpuzzle sowie Expertengruppe).

Museumsrundgang: Die Schüler sichten alleine oder in Gruppen die im Klassenraum aushängenden bzw. ausliegenden Lernprodukte, holen Informationen ein und besprechen etwaige Unklarheiten.

Spickzettel: DIN-A7-Kärtchen, auf dem sich ein Schüler das Wichtigste zu einem bestimmten Thema stichwortartig notiert. Die Zahl der Wörter kann z.B. auf zehn begrenzt werden; Skizzen, Symbole und andere grafische Elemente können hinzukommen. Der Spickzettel sollte gut strukturiert sein und dient z.B. als Lernhilfe oder als Gedächtnisstütze bei Präsentationen.

Tandempräsentation: Die Präsentation der Arbeitsergebnisse vor der Klasse erfolgt zu Zweit. Die Präsentation kann gleichberechtigt erfolgen; sie kann aber auch so aussehen, dass ein Schüler als Hauptpräsentator und ein zweiter als Assistent ausgelost wird.

Zufallsgruppe/Zufallstandem: Gruppen- bzw. Tandembildung mittels Abzählen, Spielkarten, Puzzlebildung, Namenskärtchen oder anderen Formen des Losverfahrens.

Weitere Begrifflichkeiten werden im Internet unter www.klett.de/klippert erklärt.

Klippert bei Klett

Neue Materialien für Deutsch:

Machen Sie Ihren Unterricht zum Kompetenztraining

Klasse 5/6

Personen beschreiben/Wortarten
978-3-12-921094-9

Erzählen/Satzglieder
978-3-12-921095-6

Klasse 7/8

Zeitungen verstehen/Konjunktiv
978-3-12-921096-3

Creeps – ein Theaterstück entdecken/Einen Fotoroman entwickeln
978-3-12-921161-8

Klasse 9/10

Kurzgeschichten untersuchen/Kreativ schreiben
978-3-12-921099-4

Weitere Materialien – auch für Englisch und Mathematik – unter **www.klett.de/klippert**

Ja, ich bestelle:

- ☐ Personen beschreiben/Wortarten 978-3-12-921094-9
- ☐ Erzählen/Satzglieder 978-3-12-921095-6
- ☐ Zeitungen verstehen/Konjunktiv 978-3-12-921096-3
- ☐ Creeps/Fotoroman 978-3-12-921161-8
- ☐ Kurzgeschichten untersuchen/Schreiben 978-3-12-921099-4

Name, Vorname

Kundennummer (falls bekannt)

Straße, Hausnummer

Postleitzahl, Ort

Für Porto und Verpackung berechnen wir pauschal € 3,95
* 6 ct/Anruf, Fax im Festnetz T-Com, Mobilfunkpreise abweichend, eine Servicenummer der QSC AG

Telefax 0180 · 2553883*, Telefon 0180 · 2553882*
www.klett.de/klippert
Ernst Klett Verlag, PF 102645, 70022 Stuttgart

Klett